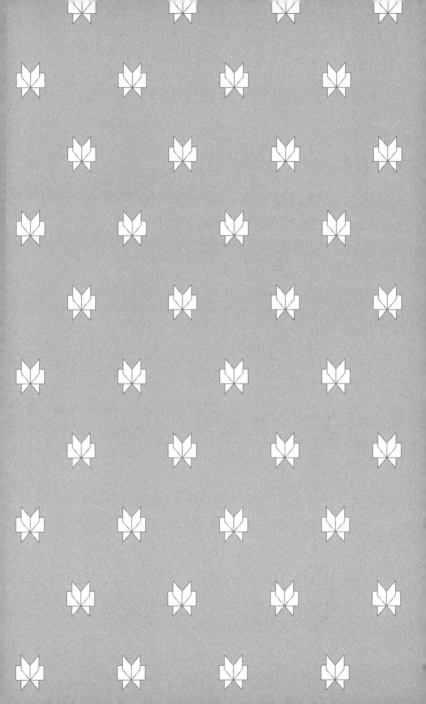

우리 안의 인종주의

우리 안의 인종주의

정혜실

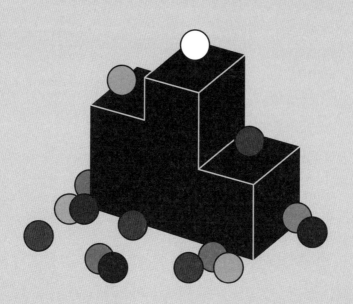

이 주 인 권 현 장 에 서 본 한 국 사 회

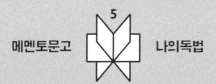

메멘토문고　5　나의독법

[차례]

1장   나를 부르는 말들

2장   이주민 줄 세우기

3장   타인의 고통을 외면하는 사회

4장 편견으로 그려지는 미디어 속 이주민

5장 차별의 공간에서 사는 사람들

파키스탄이라는 먼 나라에서 온 남자를 만나 사랑에 빠지고 아이를 낳아 키우는 동안 나이 50이 훌쩍 넘었다. 횡단보도를 건너다 우연히 마주친 그가 차 한잔 같이 하면 어떻겠냐고 말을 걸어 왔지만, 난 몇 번이나 거절했다. 나도 피부색에 대한 선입견이 있었기 때문이다. 동남아 어디쯤에서 왔을 법한 그를 거절하다 문득 차 한잔이 뭐라고, 백인이었어도 이렇게까지 거절할까 싶어서 그의 제안에 동의한 것이 지금까지 함께하는 인연의 시작이다. 파키스탄이 어디냐며 결혼을 반대하던 엄마를 못 본 척한 나는 남편이 나고 자란 땅에서 1994년 5월에 결혼했다. 구지란왈라의 아이들은 눈이 작고 피부가 노르스름한 이방인을 신기해했다. 남편의 고향인 그곳에서 가족과 이웃의 사랑과 환대를 듬뿍 받고 돌아온 한국은 8월 무더위 속에 있었다.

***

우리가 귀국할 때 남편이 서남아시아의 저개발국가인 파키스탄 출신이라는 사실 때문에 김포공항 출입국관리사무소에서 조사를 오래 받아 남들보다 늦게 출국장을 빠져나왔다. 당시 파키스탄은 한국과 비자면제협정을 맺고 있어서 비자 없이도 출입국이 어느 정도 자유로웠다. 그런데도 남편은 차별을 당했다. 나는 우리를 조사하던 출입국관리사무소 직원에게 남편이 미국 사람이라도 이렇게 무례하게 조사했겠느냐고 물었고, 그는 뻔한 걸 왜 묻느냐는 듯 아니라고 답했다. 몹시 화가 났지만 이런 모욕에 어떻게 대처해야 할지 몰랐던 나는 그저 밖에서 부모님이 오랫동안 기다리고 계시니 빨리 보내 달라고 재촉하는 수밖에 없었다. 그리고 이날 경험 이후 나와 남편과 아이들이 받는 처우에 의문을 품게 되었다.

한국에 돌아온 뒤 파키스탄에서 가져온 서류의 번역 공증을 거쳐 혼인신고를 하고 호적에 남편의 이름을 올려 정식 부부가 되었다. 하지만 내 주민등록등본에는 내 이름만 덩그러니 있었다. 1994년에는 한국 여성과 결혼한 외국 남성에게 한국에서 정착해 살 수 있는 비자가 나오지 않았다. 부계주의 원칙을 따른 '국적법' 때문이다.

한국 남성과 결혼한 외국 여성은 혼인신고로 호적에 이름이 올라가며 주민등록증이 발급된 것과 대비된다. 한국 사회의 가부장적인 관습상 여성은 출가외인이니 외국인 남편을 따라 떠나면 되고, 한국 남성과 결혼한 외국 여성은 며느리로서 남편의 가족에 편입된다고 여긴 것이다. 이런 성차별은 특히 이주노동자 남성과 한국 여성의 국제결혼으로 만들어진 가족의 삶에 부정적인 영향을 미쳤다. 내가 낳은 아이들이 외국인으로 등록되어 살아야 했다. 우리 아이들은 한국 국민이 받을 수 있는 사회복지 제도인 건강보험의 지원과 공교육 대상에서 배제되었다. 나는 남편과 아이가 있어도 서류상 혼자 사는 여자였다.

아이들을 가족으로 등록할 수 있게 된 건 이주 관련 시민사회단체와 여성운동의 결실로 국적법이 개정된 1997년의 일이다. 그제야 아이들은 한국인으로서 건강보험 혜택을 받고 초등학교에 입학할 수 있게 되었다. 남편은 여전히 외국인이지만 아이들은 이중국적자가 되었다. 2001년에는 남편이 귀화 시험을 통과해 한국인이 되었다. 2005년에는 호주제가 폐지되어 제도상 출가외인이라는 개념이 사라졌고, 한국인과 결혼한 외국인은 남성이든 여성이든 모두 한국에 체류할 수 있는 방문 동거(F-

1) 비자를 받게 되었다. 물론 남편은 이런 혜택을 누리지 못하고 그 전에 귀화했지만 말이다.

2008년에는 다문화가족지원법이 생기고 우리처럼 국제결혼한 부부가 이룬 가정을 다문화 가정이라고 부르기 시작했다. 이 법에 따라 전국에 다문화가족지원센터가 만들어지고 결혼 이민자를 위한 한국어 교실과 다문화 가정 자녀의 교육 지원을 비롯해 다양한 프로그램이 생겨났다. 하지만 결혼 이민 남성은 이런 지원에서 배제된다. 성차별적인 국적법과 호주제가 폐지되었지만 정책을 여전히 가부장적으로 운영하기 때문이다. 결혼 이민 여성을 한국 며느리로 삼고 그 자녀를 한국인으로 만든다는 기본 시각이 달라지지 않으니, 아시아 출신 결혼 이민 남성에게는 관심이 없다.

***

어느새 우리 아이들은 성인이 되었다. 피부색과 이국적인 외모 때문에 성장하는 동안 긍정적이든 부정적이든 관심을 많이 받았다. 아이들이 성장한 만큼 나도 많은 변화를 겪었다. 남편과 사업을 일으켜서 부자가 되려고 했는데, 20년 넘게 이주 인권 활동가로 살고 있다. 차별 철폐 운동에 필요한 이론을 공부하려고 대학원에 가서 여성학과 문화인류학을 공부했다. 아이를 키우고 남편의 사업을 도우면서 인권 운동과 공부도 하느라 치열하게 살았다. 내게 벌어진 차별을 해결하고, 비슷한 일을 겪고 사는 여성들과 연대하기 위해서였다. 우리라는 틀을 넘어, 사회에서 소수자로 살아가는 사람들과 손을 잡고 차별에 반대하는 법을 만들고 싶기도 했다.

그래서 이 책은 내가 살아오면서 겪은 차별에 관한 이야기, 내가 연대한 수많은 이주 인권 활동에 관한 이야기를 담고 있다. 나는 내가 참여한 활동과 나 자신을 분리할 수 없게 되었다. 처음엔 내게 닥친 부당에 맞서야 한다고 생각했는데, 내 문제는 결국 우리 모두의 일이었다. 여기에 소개하는 내 경험과 이주민들의 이야기는 오늘 한국 사회에서 벌어지는 인종차별과 겹쳐져 나타나는 성차별과 계급 차별에 관한 것이다. 이 책을 읽는 사람들이 이런 문제에 한 걸음 다가와 한국 사회가 변하는 데 작은 바람을 일으키면 좋겠다. 인종, 젠더, 계급이라는 말의 경계를 넘어 서로가 서로를 동등하게 바라보며 차별 없는 세상을 함께 만들 수 있기를 기대한다.

1장

나를 부르는 말들

1   나를 양공주라고 불렀다

1994년 3월, 스물여덟 살의 어느 날 이태원에서 횡단보도를 건너다 한 남자와 눈이 마주쳤다. 낯선 국가인 파키스탄에서 온 남자, 지금까지 함께 사는 남편이다. 무슬림인 그는 이태원의 이슬람 성원에 나를 데려가서 한국인 이맘(설교자)과 만나게 하고, 그분을 통해 이슬람과 기독교의 차이에 대해 알게 했다. 그전까지 내가 아는 외국인이라고는 교회에서 만난 선교사들뿐이었다.

한국에서 낯설기만 하던 종교인 이슬람을 짧은 시간에 이해할 수는 없었다. 그 탓인지 그때는 남편을 이해하는 데 어려움이 많았다. 연인이 되었는데도 그는 나와 손잡는 것을 꺼렸고 둘이 같이 걸을 때 살짝 떨어지기를 바랐다. 또 사람이 많은 곳에서는 한국어보다 영어를 쓰자고 했다. 우리 둘의 대화를 남들이 못 알아듣게 하고 싶었던 게다. 그렇게 조심스럽게 연애하던 어느 날 저녁,

우리가 친구들과 걸어가는데 한 취객이 나를 보며 "야, 양공주!"라고 불렀다. 내가 눈에 불을 켜고 그 사람에게 언성을 높였다. "뭐라고요? 어디다 대고 함부로 말하는 거예요!" 그러자 그와 친구들이 팔을 걷어붙이고 취객에게서 나를 떼어 냈다. 20년이 훌쩍 넘은 지금까지도 나는 그날의 분노를 생생하게 기억한다.

그때 느낀 분노가 제대로 해석되기까지는 오래 걸렸다. 30대 중반 나이로 대학원에 들어가 여성학 공부에 매진하면서 내가 분노한 이유가 한편으로는 정당하지만 다른 한편으로는 정당하지 못했음을 알기까지 말이다. 그때 내 분노는 '양공주'라는 말의 부정적 이미지에 관한 반응이었다. 나는 '양공주'라는 말을 기지촌에서 미군에게 몸을 파는 여자라는 뜻으로 알았다. 사회적으로 구성된 혐오 표현인 이 말이 어떻게 특정 여성 집단을 낙인찍으며 차별과 폭력으로 내몰았는지를 그때는 잘 몰랐다.

기지촌은 미군이 한국에 진주하면서 만들어진 마을[1]로, 한국전쟁(1950~1953)을 거치면서 숫자가 증가했고 정전협정이 체결된 뒤에도 미군들 때문에 지금까지 남아 있다.[2] 기지촌 여성들은 한국전쟁 뒤 한반도의 분단 상황을 안정시킨다는 이유로 주둔하게 된 미군을 위한 위안부[3]로 기능했다. 1970년대 한국 정부가 이들을 '민간 외교관'으로서 애국자라며 추켜세우기도 했지만 현실은 잔혹했다. 한국인들은 이들을 양놈에게 몸을 대 주는 더러운 여자로 취급했다. '양공주'는 '양키 창녀', '양키 마누라', '유엔 레이디', '서양 공주'와 함께 미군을 대상으로 성 노동에 종사하는 한국 여성을 비하하며 성매매의 위계에서 이들을 최하위로 전락시키는 말로 쓰였다. 한국전쟁 뒤 양공주라는 말은 그 사용 범위가 넓어져 미국 군인과 결혼한 한국 여성들(GI 신부)까지 포괄했다. 성 노동자나 미군 남성과 교제하는 사람 모두에 대해 '양공주'라는 낙인이 찍혔음은 말할 것도 없다.[4] 인종 간 결혼을 한 한국 여성도 '양공주'로 여겨졌다.

그날 내 분노의 실체는 무엇이었을까? "나는 그들과 다르다. 나는 몸 파는 여자가 아니다. 나는 진짜 사랑을 하는 중이다. 나는 대학을 나왔다." 이런 항변이 아니었을까? 이것은 남성의 시선으로 여성의 몸을 성적 대상화하면서 순결한 여성 대 창녀라는 이분법적 사고를 내면화해 왜곡된 자의식과 다르지 않다. 결국 내 항변은 한국 남성들에게 있는 편견의 표현이었다. 만약 내가 '양공주'라는 혐오 발언이 외국인 남성과 연애나 결혼을 하는 모든 한국 여성을 향한, 순혈 민족주의에 물든 한국 사회의 가부장적 폭력이라는 것을 알았다면 어땠을까? 아쉽게도 내 인식의 전환은 페미니즘을 공부하고 나서야 가능했다.

***

2009년 7월 어느 날, 한국이주여성인권센터의 허오영숙 사무국장(현 대표)이 한 인종차별 사건에 맞선 연대를 요청했다. 7월 10일 밤, 성공회대의 인도 출신 연구교수인 보노짓 후세인 씨가 아시아 시민단체인 '아레나(ARENA, 새로운 대안을 위한 아시아 네트워크)'에서 활동하는 한국 여성과 버스를 타고 가다 어떤 남자에게 인종주의적 혐오 발언을 들은 사건이다. 가해 남성이 후세인 교수에게 "유, 아랍! 더러워 이 개새끼야, 너 어디서 왔어? 이 냄새 나는 새끼야!"라고 했고, 동승한 여성이 이를 따지자 "조선 년이 새까만 자식이랑 사귀니까 좋냐?" 하고 폭언을 퍼부으며 밀치기까지 했다. 이에 분개한 여성이 기사에게 부탁해 버스를 경찰서로 몰고 갔다. 그런데 세 사람의 신분을 확인하던 경찰이 후세인 교수의 외국인등록증과 성공회대에서 발급한 연구교수 신분증을 보고 겨우 1982

년생이 어떻게 교수냐며 의심했다.[5]

이 사건에서 가해자의 폭력적 언행보다 피해자의 직업이 대학의 '연구교수'라는 사실이 더 주목받고 의심을 샀다. 이는 명백히 공권력이 저지른 2차 가해다. 당시 이 문제를 해결하려고 후세인 교수가 소속된 대학과 시민사회운동, 여성운동, 이주 인권 운동 진영이 당사자들과 성·인종차별반대공동행동을 꾸려 대응했다. 이 사건에는 인종차별에 젠더 문제가 겹쳐졌다고 생각했기 때문에 연대 기구의 이름에서 '성'이 '인종' 앞에 붙었다. 당시 피해자인 한국 여성이 강력하게 요청한 덕분이다. 그녀는 인도인인 후세인 교수가 혼자 당한 인종차별이 아니라 자신도 함께 겪은 성차별로 이 사건을 의미화했다. 결국 이 사건은 인종차별금지법이나 포괄적 차별금지법이 없던 당시 인종차별 발언에 '모욕죄'가 적용된 첫 번째 사례가 되었다.

'아랍', '냄새', '더러움' 같은 말은 인도, 파키스탄, 방글라데시 등 서남아시아에서 온 무슬림으로 한국에서 더럽고 위험하고 힘든 일을 하는 피부색이 검은 남성을 비하할 때 쓰인다. 또한 '조선 년'이라는 말에는 한국 사회가 혐오하고 무시하는 이주 남성과 어울리며 순혈 민족에 흠집을 내는 '조선' 여성을 창녀로 본다는 뜻이 숨어 있다. 두말할 나위 없이 '조선 년'은 내가 들은 '양공주'와 다를 바 없는 혐오 발언이다. 흔히 피부색이 다른 사람에 대한 차별로 생각하는 인종차별에는 성차별과 계급 차별이 따른다. 인종주의의 역사를 다룬 『낙인찍힌 몸』에서 염운옥이 이렇게 말한다. "나와 너, 주체와 타자의 차이를 피부색, 두개골, 골격 같은 생물학적 속성으로 환원시켜 인종화된 타자의 몸에 대한 온갖 담론을 생성하는 데 인종주의의 핵심이 있다. 눈에 보이는 '외모'로부터 눈에 보이지 않는 '혈통'과 '지성'을 상상하고 우열을 매기는 데서 인종주의는 출발했던 것이다."[6]

인종주의의 핵심은 '우열 매기기'에 있다. 나를 '양공주'라고 부른 남자 그리고 후세인 교수와 동승한 여성을 '조선 년'이라고 부른 남자는 자신의 우월적 위치에 대한 확신으로 알지도 못하는 우리에게 혐오 표현을 퍼부었다. 외국인 남성과 함께 있는 우리 몸의 가치를 매김으로써 우리를 함부로 대해도 되는 여성으로 본 것이다. 성적으로나 신분상 우월하다는 확신이 타인을 혐오하는 데 주저하지 않는 태도로 나타났다.

후세인 교수에게 "더럽다", "냄새난다" 말하는 행위

는 상대를 불결한 존재로 여긴다는 뜻이다. 그리고 '불결'의 이유는 공동체의 금기를 거스르는 죄를 저지른 데 있다. 후세인 교수가 당시 '한국 여성'과 동승했다는 사실을 아시아 출신 이주노동자가 성적 금기를 어기고 신분 상승을 노린 도전으로 여겼을 수도 있다. 당시 한국 사회에서 이주노동자가 한국 여성과 결혼하는 것은 체류 자격을 주는 '비자'를 얻기 위해서라고 주장하는 '반(反) 다문화 세력'의 담론이 만연했기 때문이다.

***

1994년 봄날 이태원 거리에서 내가 '양공주'라고 불린 일에 대한 분노는 페미니즘이라는 무기를 얻은 뒤 그 사건을 새롭게 해석하는 힘을 갖게 했다. 분노를 표현하는 법을 배우면서 그것을 성장의 자양분으로 삼았던 흑인, 레즈비언, 시인, 페미니스트 오드리 로드는 『시스터 아웃사이더』에서 인종차별주의에 대응하는 여성이 무엇에 대해 분노하는지를 밝혔다. "배제에 대한 분노, 당연시되는 특권에 대한 분노, 인종적 왜곡에 대한 분노, 침묵에 대한 분노, 학대에 대한 분노, 고정관념화하는 작태에 대한 분노, 방어적 태도에 대한 분노, 잘못된 명칭에 대한 분노, 배신에 대한 분노, 매수에 대한 분노."[7] 그는 여성들이 인종차별주의에 대해 말하는 자리에 결코 빠져서는 안 되는 것이 바로 "분노를 인정하고 그것을 어떻게 활용할 것인지에 대한 이야기"[8]라고 했다. 이때 "분노란 우리들 사이의 왜곡된 관계를 슬퍼하는 감정이고, 그 목적은 변화다".[9]

내가 겪은 분노를 재해석할 수 있게 되면서 나는 후세인 교수와 동승한 한국 여성이 겪은 일이 정확히 어떤 지점에서 분노해야 할 일인지도 알았다. 당시 사건을 사회문제로 부각하기 위한 연대를 요청받자마자 바로 응답할 수 있었던 건 이 때문이다. 연대 모임에는 결혼 이민자, 난민, 이주노동자, 유학생, 페미니스트 활동가, 공익변호사, 대학 내 연구자, 대학생 등 시민사회와 국가인권위원회가 함께했다. 이 일을 계기로 한국 사회의 제도적 인종차별에 대한 고발과 저마다 삶에서 벌어진 인종차별에 대한 증언이 이어졌다. 또 인종차별금지법 제정을 둘러싼 논의에 힘이 실리기 시작했다. 모욕죄로 사건이 종료되고 나서 성·인종차별반대공동행동은 인종차별 예방활동을 벌이기도 했다. 이런 활동을 마무리할 즈음 나는 반차별 운동 진영이 추진하는 포괄적 차별금지법 제정을

22

위한 활동에 자연스럽게 합류했다. 내가 이렇게 차별금지법 제정 운동에 참여한 지도 10년이 넘었다.

결혼 뒤 나의 가장 큰 바람이 아이를 갖는 것이었다. 남편의 진한 눈썹과 높은 콧날, 내 피부색을 닮은 딸을 낳고 싶었다. 다행히 바라던 딸을 낳은 데 이어 아들도 얻었다. 내 바람과 달리 아이들은 낮지도 높지도 않은 코에 나보다는 진하고 남편보다는 연한 피부색을 갖고 태어났다. 둘째는 어릴 때 피부가 첫째보다 밝았지만 좋아하는 축구를 하며 운동장을 누비는 사이 아주 까맣게 타 버렸다. 첫째도 밖에서 뛰어놀기를 좋아하다 보니 피부가 햇볕에 잘 그을렸다는 소리를 들었다.

　　혼혈이라는 말은 알아도 그 뜻을 깊이 생각한 적은 없었다. 그래서일까? '순수 토종' 한국인이라고 주장하는 사람들이 우리 아이들에게 보내는 시선을 어떻게 이해해야 할지 몰랐다. 내게 결혼과 출산은 그저 개인적인 일이었기 때문에, 한국인 간 결혼을 정상으로 여기는 사회에서 외국인과 결혼해 아이를 낳는 것이 얼마나 비정상으로 여겨지는지를 잘 몰랐다. 지금 아는 것을 그때도 알았다면, 방글라데시에서 온 이주노동자와 결혼한 Y가 아이들과 지하철을 타고 가다 어떤 할아버지한테 '당신이야 좋아서 결혼했겠지만, 아이들은 어떡하려고 낳았냐'는 질책을 들었다는 말에 충격받지는 않았을 터다. 그때 나는 일면식도 없으면서 어떻게 타인의 삶에 참견할 수 있는지를 전혀 납득하지 못했다.

세상은 국제결혼한 사람들의 삶과 이들 사이에서 태어난 혼혈인 당사자의 삶을 지켜보고, 분석하고, 판단한다. 끊임없이 우리 아이들이 다르다고 말하고, 그 차이를 인종주의적으로 범주화한다. 그리고 마치 세상의 모든 문제가 이 차이에서 생기는 듯, 교육을 앞세우며 당사자 아이들이 변할 것을 요구한다. 아이들을 규정하는 말이 혼혈에서 코시안, 온누리안을 거쳐 다문화에 이르는 동안 한국인끼리 낳은 아이와 국제결혼 가정의 아이는 다르다고 규정하고 외모와 피부색의 차이부터 어눌하거나 느린 한국어, 학습 부진과 왕따에 이르기까지 온갖 문제가 도사리고 있다는 듯 호들갑을 떤다. 사회학이나 교육학 전문가들은 통계 수치를 들이대고, 학습 지원, 멘토

링, 상담, 미술 치료, 음악 치료 등 다문화 가정 자녀를 대상으로 한 프로젝트가 넘쳐 난다.

다문화가족지원법이 제정되고 다문화 가족에 대한 정의가 생기면서 혼혈이라는 말이 점차 사라지고 다문화라는 말이 쓰였다. 일부 결혼 이주민도 아무렇지 않게 쓴다. 다문화라는 말에 담긴 차별과 편견을 미처 알기 전에 그리고 백인과 한국인이 결혼한 경우, 엘리트 상류층이나 연예인의 국제결혼 가족은 글로벌 패밀리로 부른다는 사실을 알기 전에는 말이다. 국제결혼을 통해 태어난 아이들 사이에는 어느새 위계가 생겼고, 유독 아시아 출신 결혼 이민자의 아이들만이 다문화라는 이름으로 불린다. 다문화로 규정되는 아이가 뭔가를 잘하면 예외적 존재로 여기고 문제를 일으키면 그럴 줄 알았다는 식으로 반응하니, '다문화'라는 꼬리표가 생긴 꼴이다.

***

우리 집 둘째는 운동을 아주 좋아한다. 초등학교 때는 전교생이 알 만큼 달리기를 잘했다. 해마다 열리는 운동회에서 이어달리기의 마지막 주자가 되어 청군이든 백군이든 자기 팀을 승리로 이끌었다. 야구나 농구는 취미로 즐기는데, 축구는 선수를 꿈꿀 만큼 열심히 했다. 이 아이가 중학교에 다닐 때 안산FC라는 축구 클럽에 있었는데 한 신문사에서 연락이 왔다. 아이를 인터뷰하고 싶다는 것이었다. 담당 코치가 아주 좋은 기회라며 아이에게 인터뷰에 나서라고 했지만 아이가 단호히 거절했다. 언론이 자기가 축구를 잘해서가 아니라 다문화 가정 자녀가 축구 선수라는 꿈을 품고 열심히 뛴다는 사실에 관심을 두기 때문이라고 했다. 승부욕이 강한 한편 분별력이 있는 아이는 자신의 축구 실력보다 다문화 때문에 이목을 끈다는 사실을 불쾌하게 여겼다. 나는 그 뜻을 존중해 인터뷰를 거절했다.

이와 비슷한 일을 첫째도 겪었다. 고등학교와 대학에서 패션모델학을 전공한 첫째는 모델 경력이 꽤 된다. 모델은 국내 혼혈인이 그나마 일하기 좋은 직업이다. 이국적인 외모와 피부색으로 주목받아 연예인으로 활동하는 경우도 있다. 첫째는 초등학교 때부터 간간이 하던 모델 일을 고등학교 진학과 함께 본격적으로 했고 유명 에이전시에 발탁되기도 했다. 어느 날 아이가 유명한 남자 혼혈 모델이 일하는 에이전시에서 영입 제안을 받았다고 말했다. 그런데 대표가 아이에게 '다문화'라는 정체성을 부각하는 홍보 전략을 세우자고 했다는 것이다. 아이는 거절했다. 그런 정체성을 내세우지 않아도 모델 일을 통해 충분히 유명해질 수 있다는 자신감 때문이었다. 아이는 이때 결정을 후회하지 않는다. 아무리 유명해져도 자신에게 따라다니는 낙인이나 고정관념, 편견이 쉽사리 사라지지 않을뿐더러 모델로서 역량보다 구구절절한 가족 이야기가 더 관심을 받는 것이 싫다고 한다. 지금 첫째는 규모가 작아도 모델을 존중하는 에이전시와 계약한 뒤 다양한 활동으로 경력을 쌓고 있다.

***

국제결혼 가정의 아이들은 교실에서 또래에게 "야, 다문화!"하고 불리는 것을 제일 싫어한다. 아이들에게는 엄연히 이름이 있다. 하지만 다문화가족지원법 제정 이후 언론에서 무분별하게 쓴 '다문화'라는 틀이 아이들을 특정 집단으로 규정하고 차별과 배제와 결정적인 순간의 폭력에 노출한다.

　　나는 아이들이 초등학생이 되자마자 학부모 활동에 열정적으로 나섰다. 일종의 치맛바람이었다. 해마다 선생님들과 편지를 주고받고 학교 운영위원회와 어머니회에 참여했다. 아이들은 임원을 맡고 갖가지 운동, 방과후 활동, 공동학습에 참여했다. 드센 엄마 노릇은 '차이에 대한 차별'에 아이들이 움츠러들지 않게 하려는 몸부림이었을 것이다.

인천에 사는 파키스탄인 K의 딸이 초등학교 선거에서 전교 회장으로 당선한 일이 있다. 그런데 한 학부모가 투표 결과를 못 믿겠다며 재검표를 요구했다. 심지어 그 아이를 자기 집에 불러 공부하는 모습을 지켜보면서 성적이 좋은 이유를 알아내려고도 했다. 재검표를 거쳐 아이는 결국 전교 회장이 되었다. 나는 K에게 왜 재검표 자체의 문제를 제기하지 않고, 그 학부모와 싸우지도 않았냐며 화를 냈다. 다문화 가정의 아이라는 이유만으로 투표 결과와 영재성을 의심받는다. 그렇게 의심한 학부모는, 자신이 다문화 아이는 열등하거나 부족해야 한다고 생각하는 인종차별주의자인 걸 알까? 그리고 이런 '다문화'라는 규정이 마치 유일한 정체성인 양 평생 붙어 다니는 아이는 도대체 얼마나 노력해야 이 틀에서 벗어날 수 있을까?

아마르티아 센은 『정체성과 폭력』에서 한 사람을 단일한 정체성으로 규정하는 것이 어떻게 폭력이 될 수 있는지를 풀어냈다. 개인이 속한 집단은 다양하기 때문에 그중 어느 하나를 유일한 정체성으로 규정할 수 없다. 즉 한 사람은 시민권이나 출신 지역, 젠더, 계급, 정치관, 직업, 고용 형태, 식습관, 스포츠, 취미, 음악 취향, 사회참여 등에 따라 다양한 집단에 속한다. 한 사람을 특정 집단으로 범주화하는 것은 구별을 통해 차별과 배제를 쉽게 할 수 있다.

'다문화'가 아니면 뭐라고 부르냐고 항변하는 활동가, 공무원 그리고 국제결혼 가정 구성원 들을 가끔 본다. 나는 "뭐가 좋을까요?" 하고 되묻기도 한다. 지금은 정책 대상으로서 특정 집단을 규정하는 것이 불가피할 수 있다. 하지만 집단적 이미지로 고정관념을 만들면서 '다문화'라고 부르는 것을 중단하고 잘못된 범주를 해체할 방법에 대한 고민이 필요하지 않을까?

3 불법체류자가 아닌 미등록 체류자

어느 날 아침에 잠을 깨자마자 확인한 페이스북 뉴스 피드에서 기사 하나가 눈에 확 들어왔다. 제목은 "불법체류 용의자 폭행…공무원 '견책' 처분 정당"[10]이었다. 자세히 보니 "불법체류 외국인 단속 과정에서 용의자를 발로 밟는 등 폭행한 공무원에게 견책 처분을 내린 것"은 정당하다는 판결이 있었다. 이날 나는 기사를 공유하면서 이런 글을 올렸다. "불법체류자 아니고 미등록 체류자입니다. 미등록 체류자는 체류 초과자일 뿐 형법상의 범죄자가 아닙니다. 용어의 문제가 단속의 극단적 행위를 부추긴다고 봅니다."

법무부나 언론이 체류 기간을 초과한 미등록 체류 이주노동자에게 '불법'이라는 딱지를 붙여 범죄자로 취급하고 이들에 대한 토끼몰이식 단속을 부추기면서 이주노동자가 다치거나 죽는 사건이 1990년대부터 지금까지 이어지고 있다. 부정적 언어의 영향력에 대한 반성이 절실하다.

2018년 12월에 유엔 인종차별철폐위원회가 한국 정부에 '불법체류자'라는 단어를 쓰지 말라고 권고했다. 미얀마 출신 이주노동자였던 '딴저테이 씨 사망 사건'이 결정적 계기였다. 그는 이해 9월 8일 김포의 건설 현장에 갑자기 닥친 인천출입국과 서울출입국의 합동 단속을 피하려다 8미터 지하로 떨어지면서 뇌사에 이어 사망했다. 이 과정에 출입국 단속반원들이 미란다원칙을 알리지 않는 등 '불법을 자행한' 상황과 사고 뒤에도 119 신고만 한 채 구조 행위 대신 단속을 이어 간 점이 확인되었다. 국가인권위원회는 딴저테이 씨 사망의 책임이 출입국·외국인정책본부에 있음을 확인하고 관련자들을 징계하라고 권고했지만, 법무부는 관련자를 징계하지 않았으며 유가족에게 사과도 하지 않았다. 그런데도 딴저테이 씨 유가족은 고인의 장기 기증으로 여러 한국인을 구했다."

나는 이 단속 과정의 목격자이자 딴저테이 씨의 친구인 미얀마 출신 이주노동자를 국가인권위원회의 한 공간에서 공익 변호사, 학자, 활동가 들과 함께 만난 적이 있다. 사건에 대해 증언하기 위해 용기를 낸 이 청년이 우리에게 그날 사건의 자세한 이야기를 들려주었고, 이 것이 유엔 인종차별철폐위원회에 보고서로 제출되었다.

딴저테이 씨 사망 사건을 통해 알 수 있듯 미등록 이 주노동자를 '불법체류자'라는 행정 언어로 부르는 것이 단속을 더 과격하고 위협적인 행위로 만든다. 사회학자 이태정은 이렇게 일갈했다. "불가피하게 발생하는 체류 기간 초과(over stay), 한국의 노동시장 상황에 따라 유동 적으로 변하는 체류 자격 위반 및 자격 외 취업, 범법 행 위 등을 모두 일관되게 '불법'으로 규정하는 것은 이주노 동자에게 모든 책임을 전가하는 것이다. 체류 자격의 문 제를 겪는 모든 이주노동자들이 도덕적·규범적으로 옳 지 않은 존재라는 왜곡이 사회적으로 차별과 혐오로 확 산되는 것을 방기하는 일이 될 수도 있다."[12]

***

불안한 신분으로 살아가고 싶어 하는 이주노동자는 없 다. 왜 이들이 미등록 체류자가 될 수밖에 없을까? 폭행 과 감금, 임금 체불과 열악한 주거 조건, 낮은 임금과 고 강도의 노동, 산재 미처리에 따른 장애, 불법 파견 등을 당해도 이주노동자는 사업주의 허락(동의 서명)을 받고 사업장을 바꾸도록 규정되어 있다. 따라서 살기 위해 '탈출(도망)'이라는 방법으로 사업장을 이탈할 수밖에 없는 것이다. 근로기준법 가운데 근로시간과 휴게, 휴일에 관한 규정의 예외를 담고 있는 63조에 따라 '토지의 경작·개간, 식물의 식재·재배·채취 사업, 그 밖의 농림 사업'(1호), '동물의 사육, 수산 동식물의 채취·포획·양식 사업, 그 밖의 축산, 양잠, 수산 사업'(2호), '감시 또는 단속적으로 근로에 종사하는 사람'(3호) 중 어느 하나에 해당하는 이주노동자는 제대로 쉴 수 없으며 야간근로나 휴일근로에 따른 수당도 받지 못한다. 특히 배를 타면 잠도 못 자며 가혹한 환경에서 일하는 어업 이주노동자의 삶은, 노동자의 권리뿐만 아니라 인간의 기본권을 박탈당한 노예의 삶과 다를 바 없다. 도망치지 않으면 벗어날 수 없는 것이다. 그러나 이들을 관리하는 주체인 수협이나 법무부 출입국·외국인정책본부, 고용노동부, 경찰 그리고 심지어 항만 노조까지 이들의 고통을 외면하고 있다. 도리어 사업주가 저지르는 여권이나 통장 압수, 감금, 임금체불 같은 불법은 눈감아 주면서 이주노동자의 체류 기간 초과는 엄청난 범죄처럼 다룬다. 이렇게 불평등한 행정으로 제도적인 인종차별을 합리화하기 위해 법무부는,

유엔 인종차별철폐위원회와 국가인권위원회의 권고를 받고도 '불법체류자'라는 용어를 폐기하지 않고 있다.

'불법체류자'라는 명명은 이주노동자가 범죄의 표적이 되기 쉽게 한다. 임금을 떼여도 고용노동부에 신고하지 못하고, 폭행을 당해도 경찰에 신고하지 못한다. 신고 끝에 추방될 것이 두렵기 때문이다. 그리고 이렇게 취약한 처지를 악용하는 자들은 늘 있게 마련이다. 2017년 11월, 태국에서 온 29세 여성 추티마 씨가 '불법체류자 단속' 때문에 자신을 피신시키겠다는 50세의 한국인 남성 관리자의 말을 믿고 산으로 같이 올라갔다가 그의 성폭행 시도 실패 뒤에 살해당했다.[13] 여성 이주노동자는 특히 이런 문제에 취약하다. 휴폐업이나 임금 체불 같은 근로조건 위반이나 폭행과 부당한 처우로 제한된 사업장 변경 조건은 추티마 씨의 죽음 뒤에야 개선되었다. 이제 성희롱, 성추행과 성폭력 문제 때문이라면 사업주의 동의 없이도 사업장을 바꿀 수 있다.

하지만 성적 서비스를 제공하는 불법 영업에 관련될 경우 아무런 법적 조치 없이 여성 이주노동자를 추방하기도 한다. 동네에서 흔하게 보는 '태국 마사지' 업소 같은 경우다. 한국과 태국이 맺은 비자면제협정에 따라 태국인이 비자 없이 최장 3개월 동안 한국에 머무를 수 있다는 점을 이용해 태국에서 모집한 여성들을 한국에서 착취한 사건이 있다. 태국 관광이 늘어나고 태국 마사지를 좋아하는 한국인이 많아지자 한국에서도 업소를 차려 이익을 보려던 사람들이 태국 여성들을 불법적으로 이용하려고 이들의 여권을 빼앗고 임금도 주지 않으며 성매매를 강요한 것이다. 하지만 언론에서 이들의 '불법 취업'과 '불법체류'에만 초점을 맞춰 보도했다. 이들이 취업 사기라는 인신매매의 피해자고 여권을 빼앗겼으며 성매매를 강요당했다는 사실은 간과해 단속의 정당성을 뒷받침했다. 그리고 이런 기사 밑에는 이주노동자에 대한 악의적인 댓글이 수도 없이 달렸다.[14]

***

'불법체류자'라는 말은 체류 기간 초과자를 '불법'이라는 틀에 가둬 그들을 도둑질이나 살인을 저지른 강력범처럼 다루고 무자비하게 단속하는 행위를 정당화하는 도구가 되었다. 이주 인권 단체들이 오래전부터 불법체류자 대신 미등록 체류자라는 단어를 쓰라고 언론사와 정부에 요구한 것도 바로 이 때문이다. 우리 역사에서 '빨갱

이'라는 말이 어떻게 특정 인물이나 집단을 침묵시키고 불온 세력으로 몰아갔는지 잘 알지 않는가? 문화평론가 고영직이 말하듯 "우리가 사용하는 언어가 달라져야 한다". "언어가 바뀌면 생각이 달라지고, 우리의 생각이 달라지면 우리의 행동이 달라지고, 우리의 행동이 조금 달라지면 우리가 사는 사회의 변화가 시작"[15]될 것이다.

『웅크린 말들』을 쓴 이문영 기자는 "권력과 거리가 먼 존재일수록 말해지지 않는다"면서 "말해지지 않는 것들이 말해지도록 길을 내는 언어가 절박하다"[16]고 했다. 이주노동자에게 길을 내는 언어란 '불법체류자'가 아닌 '미등록 체류자'일 것이다. 체류 자격을 출신 국가와 입국 목적에 따라 위계화해 엘리트 외국인 인력이나 결혼이민자 등이 포함된 이주민 사이에서 이주노동자를 최하위에 놓는 '불법체류자'라는 말이 죽음과 상처를 부르는 일을 중지하려면 말이다.

유엔 인종차별철폐위원회가 한국 정부에 최종적으로 권고한 사항이 반드시 실행되기를 바란다. 정부의 행보를 계속 지켜보겠다고 다짐하며 그중 일부를 옮긴다.

8. 인종 혐오 발언에 대한 대처에 관한 일반 권고 35호

(2013)에 비추어, 위원회는 한국에 대해 다음과 같이 권고한다:

(d) 법령과 공적 문서를 점검하여 "불법체류 이주민"의 용어 사용을 철폐하고 장래 사용을 삼갈 것.

위원회는 또한 사회일반 안의 이주민에 대한 적대감을 줄이는 데 도움이 되고 이주민들의 사회 통합을 용이하게 하는 환경을 조성하기 위한 조치를 취할 것을 권고한다.[17]

4 가짜 난민 아닙니다

여름이 막 지나간 2020년 9월, 코로나19 유행 때문에 제9회 서울이주민예술제가 온라인으로 진행되었다. 그중 한 공연에 새로운 얼굴이 나타났는데, 남성 래퍼 세 명이 아랍어로 노래하는 그룹이었다. 아랍어 랩을 듣는 것이 희귀한 경험인 데다 이들이 2018년에 한국을 뜨겁게 한 쟁점의 중심에 있던 예멘 출신 난민이라서 더 놀라웠다.

2011년에 전쟁인류학을 연구하면서 시리아에 정착한 이라크 난민을 만나 인터뷰한 적이 있다. 난민이 발생하는 아프리카나 아랍의 나라들은 도보로 건너오는 난민을 수없이 받아들인다. 지금과 달리 시리아가 국경을 마주한 이라크의 난민을 받아들이던 2011년 1월 말에서 2월 초까지 다마스쿠스 외곽에 있는 예레미야에서 이라크 난민들을 만났는데, 이슬람권의 적십자사에 해당하는 적신월사 병원에 '이름 없는 병'으로 고통스러워하는 사람들이 있었다. 이들이 늘어선 줄은 줄어들 기미가 보이지 않았다. 어떤 이라크 여성은 살해되어 길에 버려진 남편의 사진을 보여 주며 나를 충격에 빠뜨렸다. 이 여성이 전쟁통에 아이를 낳았는데, 미군이 투하한 네이팜탄 탓에 아이는 선천적 장애가 있었다. 아이가 먹어야 하는 특수분유와 병원비를 대느라 너무 힘들어하던 그녀의 표정이 아직도 눈에 선하다.

이런 경험 때문인지, 2011년에 내전이 터지면서 시리아를 떠나 이듬해에 한국에 온 난민들이 인천을 중심으로 여러 곳에 살고 있다는 이야기를 들었을 때 특별한 관심이 생겼다. 당시 한국 사회는 시리아 난민에게 동정 어린 시선을 보냈고, 이들의 정착을 반대하는 목소리가 없었다. 이들이 대부분 무슬림이었는데도 말이다. 더구나 2015년 시리아에서 배를 타고 탈출한 난민 아이 쿠르디의 주검이 튀르키예 보드룸 해변에서 발견된 뒤에는 전 세계적으로 난민에 대한 인도적 지원을 지지하는 분위기가 생겼다.

그런데 2018년 한국 사회는 2012년에 비해 무척이나 다른 분위기가 지배하고 있었다. 내전이 일어난 고국을 떠난 예멘인들이 제주도로 들어와 2018년 6월까지 500

여 명이 난민 신청서를 냈다. 그러나 일부 기독교 보수 세력과 급진 페미니스트들이 예멘 출신 난민의 수용을 극렬하게 반대했으며 '난민 반대'를 위한 청와대 청원까지 등장하고 순식간에 70만 명 이상의 지지를 받았다.

시민사회단체에서는 이런 극단적인 반응에 대해 여러 진단을 내놓았다. 가장 큰 문제는 법무부의 지침으로 드러났는데, 정부가 난민에 대해 부정적인 태도를 보였다. 예멘 난민이 제주에 도착하자 법무부가 갑자기 이들의 출도를 제한해, 제주도를 벗어나면 큰일 낼 집단으로 이들을 규정해 버린 것이다. 정부의 보도자료를 그대로 쓴 듯한 언론은 마치 엄청난 난민이 몰려와 위기가 발생한 것처럼 사실을 왜곡했고, 사람들은 실재하지 않는 공포를 실재하는 것처럼 느꼈다. 이때 제주도가 아닌 서울에서 예멘 난민을 반대하는 집회가 크게 열렸고, 이에 대응한 시민사회단체가 난민의 권리를 주장하며 난민 환영 집회를 열기도 했다.

여론은 '가짜 난민' 논쟁의 소용돌이에 급속히 빨려 들어갔다. 예멘인들을 추방하자고 주장하는 쪽과 이들을 난민으로 인정하고 받아들여야 한다는 쪽이 동시에 같은 장소에서 집회를 열었다. 난민 반대 쪽 사람들은 휴대전화나 값비싼 신발을 부각하며 이들이 '가짜 난민'이라고 주장하고, 일부 보수적인 기독교인과 정치인 들은 온·오 프라인을 넘나들며 혐오 발언을 쏟아 냈다. 무슬림 남성 에 대해 적개심이 있는 일부 급진 페미니스트들은 예멘 인들이 이슬람 국가 출신이라는 이유로 이들이 '여성 할 례'의 가해자이자 가부장적이며 폭력적인 남성성을 가진 자들이라는 비난을 멈추지 않았다. 특히 이들이 아내와 자녀를 버리고 자기 혼자 살려고 도망친 자들이라고 매 도했다.

***

그때 나는 급박하게 진행되던 예멘 난민 지원 활동에 사 정상 참여하지 못했다. 사람들의 관심에서 멀어진 예멘 난민의 상황을 기록하기 위해 난민과 난민 관련 활동가 들을 만난 것은 2년이 지났을 때다. 이때 인터뷰를 통해 알게 된 놀라운 이야기들을 이주민방송 MWTV(Migrant World TV)가 펴내는 웹진 VOM(Voice of Migrants)에 실었다.

가장 인상 깊은 여성 M은 노숙인 처지가 된 예멘인 들을 위해 자신의 스튜디오를 열어 주고 친구가 되었으 며 예멘 음식을 파는 식당까지 열었다. 그리고 주방장으로 일한 예멘인과 부모의 축복 속에서 결혼했다. 현재 M과 남편은 평화를 뜻하는 '아살람(ASALAM)'이라는 식당을 운영하고 있다.

천주교 제주교구 이주사목센터 '나오미'에서 일하는 사무국장 K는 빈 공소를 예멘 난민을 위한 숙소로 내주었다. 나오미센터도 난민을 지원해 본 적이 없고 갑작스러운 일이었지만 거리낌 없이 뛰어든 것이다. 당시 주한 교황대사 알프레드 슈에레브 대주교가 제주를 찾아 예멘 난민을 돌본 천주교 신자들과 나오미 관계자 등을 격려하며 "우리는 모두 형제·자매로 사람들 간 등급을 나눌 수 없다. 우리와 다른 믿음을 가진 사람이라도 받아들여야 한다"고 했다. 예멘 난민 신청자들에게는 "두려워 말고 당신이 누구인지를 보여주면서 고향을 위해 기도를 계속 이어가달라"며 "믿음을 이어간다면 신께서는 언젠가는 이 상황을 극복할 수 있도록 해주실 것"이라고 당부하기도 했다.[18]

이들뿐만 아니라 주거 공간의 임대료를 내준 사람이 있고, 노후 자금 1000만 원을 기부한 할머니도 있다. 제주 거리에서 예멘 난민을 반대하는 목소리가 컸지만, 예멘 난민을 도우려 한 사람들이 더 많았다. 몇몇 마을 주민은 검은 봉지를 들고 가는 난민을 보기만 해도 이유 없이 의심했지만, 어떤 이는 자기 공간을 내주거나 기꺼이 기부금을 냈으며 종교가 달라도 위기에 처한 이들과 공간을 함께 쓰는 것을 두려워하지 않았다.

현재 예멘 난민에 대한 출도 제한은 풀린 상태다. 그래서 다양한 직업 선택으로 제주도를 비롯해 한국 사회 곳곳에 흩어졌다. 제주도에 남아 예술적 재능을 살려 음악과 영화를 만들고 있는 난민 Y는 2019년 이주민영화제에서 상영된 영화 〈노프라블랜드〉의 제작에 참여했다. 2020년에는 한국인 청년에게 영화를 함께 만들자는 제안을 받고 제주 4·3을 다룬 단편영화 〈무덤에서 온 메시지〉를 만들었다. 이 영화는 2020년 '4·3과평화' 영상공모전에서 대상을 받았다. Y는 4·3을 공부했으며 영화에 출연한 할머니에게 제주 방언도 배웠다. 단편영화라도 제작 과정은 쉽지 않았다고 한다. 생계를 위해 일하면서 주말에 짬을 내 음악과 영상 작업을 하느라 하루 24시간이 부족했다. Y를 '가짜 난민'이라는 틀에 가두고 쫓아내자는 주장이 있었지만, Y는 한국에 남아 고통스러운 역사인 4·3의 의미를 되새기는 영화를 만들었다. 전쟁 통에 살아남아 한국을 택한 경험을 통해 제주 사람들이 겪은 아픔에 공명하지 못했다면 불가능한 일이었을 터다.

***

국내에서 2020년 한 해 동안 접수된 난민 신청 건수는 6684건이며, 이 기간에 난민 지위를 인정받은 사람은 실제로 단 52명이었다. 난민인권센터에 따르면 이해 유럽연합의 평균 난민 인정률은 32퍼센트, 한국의 난민 인정률〔해당 연도 심사 종료자 수(1만 1892) 대비 인정자(52)를 계산한 값〕은 0.4퍼센트다. 난민법이 시행된 2013년부터 2020년까지 평균 인정률이 3.3퍼센트로 경제협력개발기구(OECD) 가입국 중 최하위다.[19] 한국 정부는 난민 신청자를 가짜 난민이라고 부르며 이들을 추방해야 한다는 일부의 주장을 국민 여론이라고 하면서 난민 신청한 예멘인 549명 중 겨우 세 명만 난민으로 인정하고, 411명에게는 인도적 체류 허가를 결정했다.[20]

'가짜 난민'은 도대체 어떤 사람을 가리킬까? 나는 이 일을 계기로 난민의 정의를 다시 생각하게 되었다. 우리가 심정적으로 전쟁 난민은 난민으로 쉽게 인정하지만, 실제로 전쟁 난민이 모두 난민으로 인정받지는 못한다. 반정부 활동을 하거나 혁명에 참여했다는 언론보도로 자신에 대한 정치적 박해를 증명해야 하기 때문이다. 유럽에서는 경제적 문제로 이주한 사람도 난민에 포함해야 한다는 논의가 있다. 먹고살기 힘들어서 자기 나라를 떠날 수밖에 없는 사람이 난민으로 인정받지 못한 채 미등록 체류자로 불안하게 살아도 되는가 하는 문제의식 때문이다. 오늘날 베네수엘라를 비롯한 세계 곳곳에서 생존이 걸린 탈출 행렬이 이어지고 있다.

이런 사태는 역사적인 연원이 있다. 제국주의 국가들이 식민지의 자원과 사람을 착취한 탓에 만들어진 현재의 고통인 것이다. 제국주의 국가들이 마음대로 국경을 가른 지역에서 사람들과 종족들 간 다툼이 생겼다. 신생국의 폭압적인 정권을 유지하는 데 강대국이 개입한 것도 난민을 낳았다. 한국은 제국주의 경험이 없지만 세계 8위 무기 수출국으로서 예멘 내전 중 살상에 쓰이는 무기를 만든 데 따르는 간접적 책임을 외면할 수가 없다. 한국산 무기가 인접국을 통해 예멘에 흘러들었고, 내전을 피해 예멘을 떠난 사람들은 난민이 되어 한국에 왔다. 이런 예멘인들에게 한국은 '가짜 난민'이라는 혐의를 씌웠다.

통역 문제도 짚고 넘어가야 한다. 한국이 난민에게

제대로 된 통역을 제공하고 있을까? 난민이 영어만 쓰지는 않는다. 내가 처음 만난 콩고 출신 난민들은 프랑스의 식민 지배 때문에 프랑스어를 썼는데, 2000년 한국에는 영어 통역만 있었다. 2010년 말에 시작된 아랍의 봄에 이어 시리아 내전과 예멘 내전까지 벌어지면서 아랍어권 난민들이 대거 들어와 아랍어 통역의 필요성이 커졌다. 하지만 아프가니스탄의 공용어인 파슈툰어 같은 소수 언어를 쓰는 난민 신청자에게는 제대로 된 통역이 없었다.

게다가 거짓 통역이 자행되었다는 사실이 공익 변호사들의 정보공개 청구로 세상에 알려졌다. 내가 일하던 이주민방송에 이집트 출신 난민 인정자 M이 인턴으로 있었는데, 바로 그가 난민 신청 직후 거짓 통역 때문에 난민으로 인정받지 못했다. 통역의 오류를 잡아낸 공익 변호사의 도움이 없었다면 지금 그와 그의 아내 그리고 딸은 미등록 체류자가 되거나 추방되었을지 모른다. 이와 비슷한 사례로 밝혀진 것만 해도 100건이 넘는다.

법무부는 아직도 이 일에 대해 사과하지 않고 있다.[2] 내가 보기에 우리나라 난민 심사의 목표는 난민이 된 과정을 듣고 이해하기보다는 난민 신청자를 쫓아낼 구실을 찾는 데 있다. 통역 오류가 발견된 모든 서류에 이들이

'돈 벌러 왔다'고 적혀 있었다. 경제적인 이유로 난민 신청을 했으니 가짜 난민이라고 낙인찍고 난민으로 인정하지 않는다.

한편 인권의 보편성을 생각하면 적어도 미등록 체류 이주 아동이나 무국적 난민 아동에게는 특별 체류 자격을 줄 수 있지 않을까? 유엔 아동권리협약 가입국으로서 한국은 영토 내 모든 아동의 보편적 권리를 보장해야 하고, 아동의 이익을 최우선적으로 고려해야 한다. 따라서 모든 아동이 교육권·사회권·건강권 같은 권리를 보편적으로 누려야 하지만, 단속과 추방의 위협에 시달리는 미등록 이주민을 부모로 두고 자신도 미등록 상태인 아이들은 존재 자체가 증명되지 않는다. 한국에서 출생 신고조차 못 한 아이들은 주민등록번호가 없어서 법적 신분이 없이 방치된 셈이다. 이 때문에 이주 인권 단체들은 미등록 또는 무국적 아동의 출생 등록을 위한 법을 만들기 위해 노력해 왔다. 그나마 2023년 6월 30일에 '출생 통보제'가 국회에서 통과되었지만 여전히 신고 대상을 국민으로 한정하고 있어서 미등록 이주 아동은 출생을 확인할 길이 없다.

부모나 나라를 선택해서 태어나는 아동은 없다. 우

리도 정말 우연적으로 태어났을 뿐이다. 노력으로 획득되지 않은 국적이 특권이 되는 게 온당할까? 모든 아동이 보편적 권리를 갖고 성장할 기회를 사회가 줘야 하지 않을까? 축구 선수를 꿈꾸는 고려인 4세, 국가대표 선수가 되고 싶다는 몽골 이주 아동, 하다못해 태권도나 검도 단증을 따는 대회에 참가하고 싶어 하는 아이 들에게도 기회가 있어야 하지 않을까? 유불리를 따지지 말고 모든 미등록 이주 아동·청소년에게 유엔 아동권리협약이 말하는 최우선적 권리를 보장해 이들의 성장 가능성을 열면 안 될까?

***

난민 신청 심사 중에 있는 난민은 한국 정부를 비판하는 집회나 기자회견 자리에 얼굴을 드러내지 않는다. 혹여 법무부에 알려져서 심사 중 불이익을 받거나 추방당할까 봐 두렵기 때문이다. 그런데 2018년 8월, 이집트 출신 난민 몇몇이 법무부의 난민 심사 과정에서 드러난 통역 오류의 원인이 인종차별적 편견에서 비롯했다며 청와대 앞에서 기약 없는 노숙 단식 농성을 이어 갔다. 그들은 아랍어와 영어, 한국어로 된 피켓을 들고 난민 심사의 부당성을 비판했다. 이들의 당당한 요구가 누군가에게 용기를 주었을까? 그럴 수도 있지만 여전히 자신을 드러내지 못한 채 조마조마한 마음으로 두려움 속에서 심사 결과를 기다리는 난민이 더 많을 것이다.

시리아 사람들이나 이라크 난민들을 만나지 못했다면, 나도 예멘 난민들에게 거리감을 느꼈을지 모른다. 낯설고 말이 통하지 않는 난민을 외면하는 한국 사람들의 반응도 어느 정도는 이해할 수 있다. 하지만 가짜 난민이라는 혐의를 씌워 추방하자는 주장은 그들의 존재를 인정하지 않는 데서 그치지 않고 사지로 모는 행위와 같다. 물론 나는 난민을 환대하는 사람들이 더 많다고 믿는다. 그런데 환대의 진정한 의미는 동정이 아니라 사회 안에 있는 타자의 자리를 인정하는 일이다.[22] 그래서 좀 더 어려울 수 있다. 내가 가진 것을 나누고 동등한 위치에 나란히 서야 하기 때문이다. 나보다 어려운 사람에게 시혜의 눈길을 보내기는 쉬워도 자리를 주기는 그리 간단하지 않다. 그래도 우리 중 누군가는 이미 자리를 내주는 데 나서고 있다.

2장

이주민 줄 세우기

5 내 비자가 내 처지를 말한다

우리 부부가 파키스탄에서 결혼하고 김포공항으로 들어올 때 남편이 입국 심사를 오래 받은 일은 결코 잊을 수없다. 파키스탄 사람이라는 이유만으로 체류 목적을 의심받았기 때문이다. 출입국관리사무소 직원들은 남편에게 가진 돈이 얼마인지, 정말 결혼했는지까지 캐물었다. 게다가 질문하는 태도마저 모욕적이었다.

1995년 가족 단기 방문 비자도 받기 힘든 시절에 남편이 단기 종합 비자(C-3)를 받았다. 내가 임신한 덕을 본 듯했다. 그 전에는 남편이 해외에 잠시 나갔다 들어오기를 반복하면서 3개월씩 거주했다. 임신 사실을 알고 나서 남편의 체류 기간을 연장하려고 서울 목동의 출입국관리사무소에 갔을 때 미국인을 위한 비자 창구가 따로 열린 것을 보았다. 국가 간 위계가 어떻게 설정되었는지를 대번에 알 수 있었다. 미국인은 한국의 동맹국인 미국의 시민권자로서 우대받는 모습이 보였다. 그들은 번호표를 받고 그 순서대로 창구에 가는 게 아니라 창구가 따로 마련돼 오래 기다리지 않고도 일을 처리했다.

지금은 결혼 이민(F-6) 비자가 있지만, 내가 결혼했을 때는 한국인 여성과 결혼한 외국인 남성에게 비자를 발급하는 것이 정책적 고려 대상도 되지 않았다. 결혼한 여성은 출가외인이라는 인식이 반영된 국적법 때문이었다. 그 반면 한국인 남성과 결혼한 외국인 여성은 혼인신고만 하면 바로 귀화가 허락되고 주민등록증이 나왔다. 한국으로 시집온 며느리는 한국 남성의 가계에 귀속된다는 법 때문이다. 여성 단체의 호주제 폐지 운동과 국제결혼한 한국 여성들의 반발로 법이 개정되면서 외국인 남성이든 외국인 여성이든 배우자라면 똑같은 종류의 체류비자를 받게 되었다. 남편은 내가 아이를 임신하기 전까지 국가 간 비자면제협정에 따라 3개월씩 머무를 수 있는 상태로 지내다 내가 임신하고 나서 앞서 말한 C-3 비자를 받는데, 이 상태로는 한국에 체류하기가 힘들어서 외국인 기업 법인을 설립하고 외국인 기업 투자자에게 주는 D-8 비자로 2년 이상을 살았다. 그리고 1997년에 호주제 폐지로 국적법이 바뀌었다. 국제결혼한 외국인 배우자가 처음에는 방문 동거(F-1) 비자, 그다음에 거주(F-2) 비자를 받고 체류 기간이 2년 이상이고 귀화 시험을 통과하면 대한민국 국적을 취득할 수 있는 간이 귀화 제도가 생긴 것이다. 남편은 체류 기간이 2년을 넘어 간이 귀화 자격을 얻었다.

그런데 간이 귀화 제도로 결혼 이주 남성의 권리가 생긴 반면, 결혼 이주 여성의 권리는 오히려 축소되었다. 양성평등을 지향하는 쪽으로 법이 바뀌었다지만, 사실상 결혼 이주 여성의 도주와 이혼율이 증가하면서 결혼의 진정성을 증명하는 쪽으로 법이 바뀌어 여성이든 남성이든 결혼 이주자 모두가 출입국관리사무소의 통제와 감시를 받게 되었을 뿐이다. 체류 자격 관련 제도가 바뀌면서 원래 5년 이상 거주하면 받을 수 있던 영주(F-5) 비자를 굳이 받지 않아도 귀화할 수 있게 되었고, 결혼 이민 비자를 받고 2년 이상 체류하면 영주 비자를 받거나 귀화 절차를 밟을 수 있게 되었다. 하지만 결혼의 진정성이라는 문제가 계속 사회적 논란이 되면서 정부는 2018년 '영주권 전치주의'라는 제도로 체류 자격 제도를 바꾼다. 이때 F-6이라는 결혼 이민 비자가 별도로 생기면서 결혼 비자 발급이 엄격해지고, 영주권을 취득한 뒤에야 귀화를 할 수 있게 만든다. 여성이든 남성이든 결혼 이민 상태에서 의무적으로 사회통합교육을 받고 시험을 통과해야 영주하거나 귀화할 수 있게 된 것이다.

***

비자를 연장하거나 귀화하기 위해 증명해야 하는 결혼의 진정성은 어떻게 확인할 수 있을까? 바로 자녀다. 출산을 통해 결혼의 진정성을 증명해야 한다. 귀화 신청 자격은 체류 기간과 사회통합교육 이수라는 것이 표면적인 조건이었지만, 심사 과정에서 자녀의 유무가 심사까지 대기하는 기간과 심사 결정에 영향을 미쳤다. 파키스탄 남성과 결혼한 여성들뿐만 아니라 결혼 이주 여성 모임의 여러 회원들을 통해 확인한 이 문제에 관해서는 한국이주여성인권센터를 중심으로 여러 시민사회단체와 학자 들이 공론화했다. 여성의 몸을 출산 도구로 보고 재생산 권리를 침해하는 성차별이기 때문이다. 아이를 낳아 키워도 함께 살기 어려운 일이 생기고, 이혼이라도 하면 이주 여성은 체류 자격에서 불리한 위치에 놓인다. 친권을 확보하지 못한 채 아이를 데리고 나가려면 남편의 허락하에 여권을 만들어야 하는데, 이게 쉽겠는가? 양육권

마저 없으면 바로 출국 대상이다.

아이를 낳을 수 없다면 어떻게 될까? 바로 출국 대상이다. 체류 자격 조건이 결혼을 유지하는 것이기 때문이다. 결혼이 해소된 상태에서 자녀가 있다면 면접교섭권이나 양육권을 이유로 한국에 남을 만한 근거가 되지만, 자녀가 없다면 남을 이유가 없다고 보는 것이다. 그나마 이혼할 때 남편의 귀책사유가 입증된다면 한국에 체류할 가능성은 있다. 결국 가정폭력의 피해자가 되어야만 이혼 후에도 체류할 수 있는데, 그 폭력이 반드시 물리적으로 입증되어야 한다. 맞아서 멍들고, 부러지고, 찢긴 상처가 아닌, 눈에 보이지 않는 언어폭력이나 자존감을 무너뜨리는 말은 이혼 사유가 못 된다. 그래서 성격 차이에 따른 이혼이라면 더더구나 이혼의 당사자인 결혼 이주 여성이 한국에 남아 있을 이유가 없다고 판단해서 체류를 허가하지 않으려고 했다. 이에 대해 2018년 유엔 인종차별철폐위원회는 "결혼 이주민들이 혼인 관계 종료 사유, 자녀 양육 여부, 한국인 배우자 부양 여부와 관계없이 체류 자격을 변경하여 혼인 관계가 종료된 이후에도 그들이 한국에 체류할 수 있도록 할 것을 권고한다. 나아가 한국 국적 자녀와 함께 본국으로 귀환한 결혼 이주민들이 이혼 절차와 양육권과 관련하여 적절한 행정적, 사법적 지원을 제공받을 수 있도록 대한민국의 노력을 강화할 것을 권고한다".

시가에 종속된 착한 아내와 며느리 구실이 기대되기에 자기주장이 센 이주 여성은 용납되기 어렵다. 한국 사회는 결혼 이주 여성이 온갖 역경을 극복하는 이야기를 좋아한다. 힘들게 살아가는 불쌍한 이주 여성이 기꺼이 고생하며 남편의 일을 돕거나 병든 시부모를 모시는 사례를 발굴하고 그녀에게 '효부상'을 줌으로써 본보기로 삼으려 한다. 많은 이주 여성이 우울증에 걸리고, 아파트에서 뛰어내리는 것과 같이 극단적인 선택을 하는 이야기는 드러나지 않는다.《보건교육건강증진학회지》제38권 제2호에 실린 「다문화 가족 이주 여성의 자살 생각에 대한 연구」(2021, 김혜미·권태연)를 보면 이주 여성이 자살을 생각하는 데 자아 존중감과 문화 적응 스트레스, 가족 관련 스트레스 등이 중요한 원인으로 작용한다. 그러나 이런 문제가 크게 다뤄진 적은 없다.

이혼해서 한국에 살 수 없는 여성들은 베트남, 필리핀, 몽골 등 모국으로 떠난다. 이들 중에는 아이를 동반하는 경우도 있다. 한국에서 그렇게 중시하는 핏줄이지만, 이 아이는 한국어를 배울 기회도 없이 성인이 되고 다시 이주노동자로서 일하기 위해 한국에 돌아오기도 한다. 분명히 다문화 가족이지만 노동 현장에서는 한국어가 서툰 이주노동자로 여겨진다.

한국의 국제결혼 제도는 노총각을 장가보내려고 마련된 국가정책이었으며 저출산 문제를 해결하는 수단으로 활용되었다. 그런데 지금은 한국 남성과 재혼하는 이주 여성의 비율이 적지 않다. 교육부 통계자료를 보면 2020년 현재 국제결혼 가정의 중도 입국 학생이 9151명이다.[1] 이중 재혼 가정의 전혼 자녀는 입양이라는 절차를 통해 체류 자격을 얻고, 귀화를 통해 국적을 취득한다. 새로운 가족으로 편입된 아이들은 낯선 한국과 새 가족에 적응하느라 힘든 시기를 보낸다. 그래도 이렇게 합법적으로 체류할 수 있는 다문화 가족의 구성원을 부러워하는 사람들이 있다. 바로 미등록 이주노동자 가족이다.

***

1993년, 산업연수생 제도와 함께 이주노동자들의 한국 체류가 시작되었다. 산업연수생은 최저임금에도 못 미치는 급여를 받으면서 일반 노동자보다 강도 높게 일해야 하는 열악한 처지에 있었기 때문에 미등록 체류자가 되는 한이 있어도 한둘씩 사업장을 떠나 합당한 급여를 주는 곳으로 갔다. 불안한 신분을 협박의 빌미로 삼아 월급을 떼먹는 사업주가 많았고, 밀린 급여를 받지 못한 산업연수생은 더 나은 직장을 구하기 위해 여러 곳을 전전해야 했다. 적당한 일자리를 찾은 사람은 헤어진 가족을, 특히 부모의 부재 속에서 자라는 자녀를 간절히 만나고 싶어 했다.

2000년대 안산에서 나는 부모와 살기 위해 한국으로 온 아동, 이주노동자 부부가 한국에서 낳은 미등록 아동 들을 만났다. 방글라데시, 베트남, 스리랑카, 중국, 몽골, 필리핀 등에서 온 이주노동자 가족 중 몽골 가족이 가장 많았다. 부모가 다 미등록 체류 중인 상황에서 태어난 아이는 얼마 있다 본국으로 보내져 조부모나 친척들의 손에 맡겨지기도 했다. 한국에서 아이를 키우는 데 많은 돈이 드는 데다 안심하고 맡길 어린이집을 찾기도, 학교에 보내기도 녹록지 않았기 때문이다. 이런 문제를 해결하기 위해 안산외국인노동자센터(현재 안산이주민센터)에서는 안산 지역 학교장이나 어린이집 원장 들을 만나 이주노동자 부부의 자녀를 맡도록 설득했다. 그 뒤 이주 관련 시민단체들이 연대한 이주 아동의 교육권 보장 요구 활동으로 교장의 재량권에 따라 입학하고 의무교육인 중학교까지 마칠 수 있게 되었다. 그래도 미등록 이주 아동은 여전히 영·유아 보육 시설에 들어가거나 국가 지원을 받기가 쉽지 않아서 이주 관련 단체들이 어린이집을 자체적으로 운영하기도 한다.

미등록 이주 아동들은 왜 합법적인 체류 자격을 얻지 못하고 교육도 받지 못할까? 이주노동자의 체류 조건이 가족 동반을 금지하기 때문이다. 기업 투자자나 무역 경영인, 운동선수, 기업 파견 직원, 대사관 직원, 교수, 예술가, 연예인 등 소위 엘리트나 전문가 또는 국익에 도움이 되는 우수 인재로 분류된 이주민은 가족을 동반할 수 있다. 그러나 고용허가제 아래 비전문 취업(E-9) 비자를 받은 이주노동자들은 짧게는 4년 10개월을 일하고 성실 근로자로 인정돼 재입국하고 다시 4년 10개월을 일할 경우 9년 8개월 동안 한국에 머무는데도 가족과 함께 사는 것은 고사하고 가족 방문 비자도 받을 수 없다. 한국에서 이들의 아이가 태어날 경우 외국인 등록은커녕 출생신고조차 못 해 미등록 상태로 살아야 한다.

한국 정부는 이주노동자를 삶이 있는 존재가 아니라 노동력으로 여길 뿐이다. 마치 소모품처럼, 때로는 기계처럼 부려 먹겠다는 태도만 보인다. 보통 20대 초반부터 30대 후반에 이르는 사람들이 이주노동자로 오는데, 젊고 튼튼한 이들의 노동력은 한국 경제를 위해 필요해도 이들의 연애나 결혼과 자녀의 출산은 한국 정부가 책임질 일이 아니라고 보는 것이다.

한국 사회는 그동안 이성애자 부모와 그 사이에서 태어난 아이로 구성된 가족을 정상 가족으로 보았으며 건강한 가족을 유지하고 지원하며 발전시키기 위해 2004년에 '건강가정기본법'을 제정하고 한국건강가정진흥원이라는 공공 기관까지 만들었다. 다문화가족지원법 제정에 따라 전국 200여 곳에 만들어진 다문화가족지원센터도 한국건강가정진흥원이 통합 운영하고 있다. 하지만 이주노동자들이 가정을 꾸리고 살아가는 데 필요한 지원은 전혀 없다. 애초에 이주노동자가 한국 사회에 정착하는 것을 막고 고용계약 기간이 끝나면 돌려보내기 위해 이들을 단기 체류자로 분류했기 때문이다.

그런데 사람 사는 일은 단순하지 않다. 이주노동자

들은 본국에서 온 사람들과 만나 공동체를 이루며 그 안에서 연애를 하고 동거나 결혼을 하고 애도 낳는다. 그뿐만 아니라 본국에 있던 아이를 불러 한동안 같이 지내다 돌려보내려던 부모는 결국 아이를 데리고 산다. 가족이기 때문이다. 출입국관리사무소의 단속 때마다 불안과 공포에 떠는 부모들은 아이들이 밖에 못 나가게 하려고 문을 잠그는 위험을 무릅쓰기도 한다. 그래서 이주 관련 단체들은 일터에 간 부모 대신 미등록 이주 아동을 돌볼 보육 시설이나 공부방을 운영한다. 가정을 이루고 살 권리를 박탈당한 미등록 이주노동자들은 숨죽인 채 살아간다. 불안한 일터에 기대어 생활하며 오늘도 혹시 단속에 걸릴까 봐 두려운 마음으로 길을 걸어야 하고, 4대 보험 없이 만만치 않은 의료비를 감당해야 한다.

고용허가제는 비전문 취업 비자로 일하고 있는 부부가 주말에라도 자주 보려고 사업장을 가까운 쪽으로 바꿔 달라고 청하는 경우에도 거부한다. 이주노동자 부부의 사정은 알 바 아니라는 것이다. 어떤 농업 이주노동자 부부는 캄보디아에서 따로 입국한 뒤 한 명은 경기도에, 다른 한 명은 경상도에 산다. 농어촌에서 일손이 부족할 때 5개월 동안 한국에 체류하면서 일하는 계절근로자 제도가 있으며 결혼 이민자는 이를 통해 본국에서 가족 및 4촌 이내 친척을 초청할 수 있다. 한국인과 가족 관계에 있지 않은 이주노동자 가족은 이 경우에도 철저하게 배제되고 차별받는다.

이주의 장벽은 높다. 이주노동자로 오려면 한국어 시험을 통과해야 하고 돈을 지불해야 한다. 이를 송출비용이라고 하는데, 농업·어업·제조업 등 업종과 송출국(출신국)에 따라 천차만별이고 몇 백만 원에서 1000만 원이 넘는 경우도 있다. 입국하려고 대기하는 시간이 얼마나 걸릴지는 저마다 운에 달렸다. 제조업 취업을 막고 농업 분야 취업만 열어 놓아서, 하고 싶은 일을 선택할 수도 없다. 가족들의 기대를 한 몸에 받고 이주노동자로 한국에 온 이들은 자신에게 닥친 고된 노동과 열악한 숙소 그리고 가족에 대한 사무치는 그리움을 감내하다 때로 폭언과 폭력에서 벗어나려고 미등록 체류자의 길을 택하기도 한다. 살기 위해서다.

6 피부색과 출신국으로 달라지는 임금

콩고에서 온 난민 여성 V와 우정을 나눈 세월이 꽤 깊다. V는 외교관 부모 슬하에서 부유하게 자랐지만 콩고 내전으로 졸지에 가족과 떨어져 혼자 한국에 왔다. 한국에서 콩고 출신 남성을 만나 결혼하고 아이를 낳았으나, 지금은 남편과 헤어져 혼자 아이를 키우며 산다. 2000년대 초에 만난 우리는 지금은 각자 바쁜 생활 때문에 사회관계망서비스(SNS)로 소식을 접하지만, 그녀가 임신하고 아이를 낳고 몸조리할 때는 병원에 늘 같이 갈 정도로 가까웠다.

콩고는 식민 지배를 당한 과거의 영향으로 프랑스어를 쓰는데, V는 영어를 쓰는 편이 한국 생활에 더 유리하다는 걸 깨닫고 영어 실력을 키웠다. 콩고 문화를 알리는 다문화 강사로 활동하던 중 영어 과외 수업을 시작하고 얼마 안 되었을 때 V는 자신이 백인 원어민 강사는 물론이고, 필리핀 출신 강사보다도 임금이 적다는 것을 알게 되었다.

한국의 영어 열풍은 영어 유치원과 학원을 급속히 양산했고, 여기에 문법보다 발음이 우선이라는 생각이 더해지면서 미국·영국·캐나다·호주 같은 본토 원어민에게 영어를 배우려는 사람들이 넘쳐 난다. 강사를 고용하는 사업주뿐만 아니라 학생과 학부모도 백인을 선호한다. 미국 출신 백인이 1순위고, 그다음이 캐나다 출신 백인이다. 한국인이 영어를 잘하는 나라로 믿는 필리핀 출신 이주 여성도 영어 강사로 선호도가 높은 편이다. 파키스탄 출신도 피부가 희면 영어 교사로 채용되거나 학원을 운영하기가 수월했다. 그래서 일부러 모국을 밝히지 않고 학원을 운영한 사람도 있다. 피부색으로 출신을 감출 수 없는 필리핀 이주 여성들은 발음을 교정하고 교수법을 익혀서 전화나 학원, 개인교수로 영어를 가르쳤다. 영어는 필리핀 사람에게도 외국어일 뿐이고 필리핀 사람이 다 영어를 잘하는 것도 아니지만, 한국인의 영어 맹신이 오히려 필리핀 출신 이주 여성에게는 유리하게 작용한 것이다. 물론 영어 교사 자격증이 있고 실력을 갖춰도 피부색 때문에 백인에게 밀리는 건 어쩔 수 없다.

고용허가제로 한국에 들어온 이주노동자들은 사업장에 문제가 생길 경우 사업장을 이동할 수 있다. 이때 3개월 안에 구직 활동을 끝내야 하는데, 피부색 때문에 취업이 어려워지기도 한다. 안산의 한 단체가 운영하는 쉼터에 머문 스리랑카 출신 이주노동자들은 작업장에 피부가 검은 사람이 없어서 같이 일하기 곤란하다는 관리자의 말을 듣고 발길을 돌린 적이 있다고 한다. 고용센터에서 구인 광고를 분명히 보고 전화도 하고 갔는데, 갑자기 자리가 찼다며 헛걸음을 시키기도 한다. 어떤 공장에서는 베트남 사람이 많기 때문에 스리랑카 사람을 받아들이기 힘들다고 말한다. 출신국이 다른 이주노동자들은 어울리지 못할 것이라는 판단을 공장장이나 사업주가 내린다.

30년이 넘는 세월 동안 많은 한국 공장이 언어나 출신국과 상관없이 노동자를 고용했다. 지금은 이주노동자들이 한국어 시험을 치르기도 하고 간단한 말은 할 정도로 준비하는데, 그렇지 않던 때도 여러 나라 출신 노동자가 북적거리며 한 공장에서 일했다. 사업주는 피부색이 싫어서 때때로 고용을 거절하며 갖가지 핑계를 댄다.

피부색과 출신국에 따른 차별은 채용 과정에 그치지

않고 임금으로 이어진다. 중국 동포들이 건설 현장에 많은데, 이들은 한국인 노동자보다 적은 임금을 받고 일한다. 고용주는 같은 일을 시키고 임금은 적게 주는 이주노동자를 선호하기 마련이고, 이 때문에 한국인 건설 노동자가 불리한 상황에 놓인다. 2020년 6월 제주도의 서귀포 시내 한 건설 현장에서 민주노총 소속 건설노조 조합원들이 외국인 불법 고용에 항의하며 시위를 벌였다.[2] 이들의 요구는 '불법체류 노동자를 추방하라'는 것이었지만 불법과 합법의 경계는 중요하지 않다. 생존이 달린 일자리 경쟁에서 한국인 노동자의 적이 바로 이주노동자이기 때문이다.

한국인 노동자들은 이주노동자들이 자신들의 임금을 갉아먹고 밥그릇을 빼앗는 경쟁자라고만 생각하며 이들의 건설노조 가입을 거부하기도 했다. 노동자들을 갈라놓는 임금 차별을 개선해 동일노동동일임금 원칙을 적용하라고 요구하기보다 함께 일하는 이주노동자들에게 분노를 쏟아 내는 편이 더 쉬워서일까? 한 활동가는 '만국의 노동자여, 단결하라'는 구호가 허울뿐이라며 이주노동자에 대한 미안함과 노조원들의 태도에 대한 아쉬움을 표현하기도 했다.

뜨거운 아스팔트 위에서 비지땀을 흘리며 일하는 우즈베키스탄 노동자, 건설 현장의 조장 구실을 하는 '오야지'에게 임금을 1000만 원이나 떼이고 원청사에 항의할 수도 없어서 억울해하던 건설 현장의 중국 동포, 한국인 건설 노동자에게 폭력의 대상이 된 베트남 노동자의 이야기를 들을 때면, 무엇보다 인터넷상에서 이주노동자들에 대한 수많은 악성 댓글을 마주할 때면, 어떻게 해야 공존이 가능한 세상으로 나아갈 수 있을지 고민이 깊어진다. 물론 이주노동자노동조합(이하 이주노조)에서는 이런 상황을 돌파하기 위해 민주노총과 함께 이주노동자에 대한 이해를 돕는 영화를 관람하고 토론회와 강연회를 연다. 아는 것과 모르는 것 사이에는 큰 차이가 있다. 그래서 나는 이런 노력들이 고무적이라고 생각한다.

***

유엔 인종차별철폐협약은 "인종, 피부색, 혈통 또는 민족적, 종족적 출신"에 따른 차별을 금지할 뿐만 아니라 이를 위한 조치 의무를 당사국에 지운다. 1998년에 한국 정부가 비준한 국제노동기구(ILO) 차별 금지 협약(111호)도 "인종·피부색·성별·종교·정치적 견해·출신국 또는 사회적 신분에 기초한 모든 차별, 배제"를 금지한다. 그리고 헌법 제6조는 이런 국제법이 국내법과 같은 효력이 있다고 명시한다. 국제법과 국내법이 인종, 피부색, 국적에 따른 차별적인 대우를 할 수 없도록 강하게 규정하고 있는 것이다.[3] 그런데도 몇몇 국회의원이 한국인과 이주민의 임금격차를 당연하게 여기고 최저임금을 지키지 않아도 되도록 법률 개정을 시도하다 시민사회단체로부터 강한 비판을 받기도 했다.[4]

2018년 7월 20일에 '한국 사회 인종차별을 말하다'를 주세로 열린 토론회에서도 이런 견해가 있었다. "근로기준법 63조에 농업 노동자에 대한 근로시간, 휴게와 휴일에 관한 예외 적용이 명시되지만 농축산업 노동자도 최저임금법의 적용을 받으므로 노동시간당 최저임금은 지급받아야 한다. 하지만 실제 대다수 농축산업 이주노동자가 최저임금에 훨씬 못 미치는 임금을 받는다. 한국인 농업 노동자의 평균임금은 최저임금을 상회하며 이주노동자 임금의 2배 이상으로 국적에 따른 임금 차별이 뚜렷하다."

이주노동자 지원 단체인 지구인의정류장에는 캄보디아 출신 농업 이주노동자들이 찾아와 권리침해를 호소하는 경우가 많다. 자신들은 제대로 쉬지도 못하는데 한국인 노동자들은 담배를 피우며 쉴 뿐만 아니라 정시에 칼같이 퇴근한다는 것이다. 가장 바쁜 수확기에 농장에 일하러 온 한국인들이 넉넉한 점심시간을 누리고 높은 일당을 받으면서 저녁 6시에 퇴근하는 걸 보면 자기 존재가 서글퍼진다고 했다.

한 여성 이주노동자가 휴대전화를 세워 놓고 자기 모습을 찍은 영상을 본 적 있다. 영상 속 여성은 종일 트럭에 쌓인 비료 포대를 내린다. 그녀의 숨소리만 가득한 가운데 일은 끝이 없어 보인다. 영상을 보고 있으면 할 말을 잃고, 당장이라도 달려가서 포대를 같이 내리고 싶어진다. 종일 쭈그리고 앉아 상추를 뜯는 여성 이주노동자는 허리 펼 새도 없이 너무 오래 웅크리고 일한 탓에 온몸이 아프지만 병원에 가지 못한다. 한 달에 한두 번 쉴까 말까 한데, 날씨 영향을 받지 않는 비닐하우스 일을 맡으면 그 하루를 챙기기가 어렵다. 새벽녘에 일어나 사업주가 그만하라고 할 때까지 일하지만 화장실 가는 것도 눈치가 보인다. 심지어 화장실에 자주 간다고 물을 많이 마시지 말라는 타박을 받기도 한다. 어떤 여성 이주노동자는 요의를 참다가 걸린 방광염이 신장염으로까지 악화해 소변 주머니를 차고 지구인의정류장을 방문하기도 했다. 추위에 손이 곱아 장갑이라도 끼려고 하면 고용주가 일이 늦어진다는 이유로 장갑을 빼앗는 경우도 있다.

한계에 다다라서 쉼터를 찾는 노동자들은 첫눈에 봐도 지치고 초췌한 모습이다. 20대라는 실제 나이를 도저히 믿을 수 없다. 하지만 문제가 해결되고 사업장을 바꿔 안정을 찾으면 정말 딴사람이 되어 나타난다. 활기를 찾아 나이에 걸맞게 밝고 명랑한 모습으로 다시 만날 때는 같은 사람이라는 걸 믿지 못할 정도다.

***

이주노동자는 휴일도 제대로 챙기지 못하며 일한 대가를 임금으로 받지 못할 때가 많다. 언젠가는 받는다는 믿음으로 기다리다가 끝내 4000만 원이나 되는 돈을 못 받고 고향으로 돌아간 캄보디아 출신 여성 이주노동자가 있다. 이주민방송이 찍은 영상에서 정부의 고용허가제를 한국어로 비판하는 그녀의 말은 단호하고 진지했다. 이렇게 큰 돈을 못 받았는데도 해결은 더디기만 했다.

고용허가제는 고용계약 기간이 만료된 이주노동자가 본국으로 돌아가지 않는 상황을 예방하기 위해 퇴직금을 출국할 때나 출국 후에야 지급한다. 한국인 노동자가 퇴직 후 14일 안에 퇴직금을 받게 한 것과 비교해 보면 이주노동자에 대한 권리침해가 심각하다는 생각이 절로 든다. 어떤 이주노동자는 출국을 코앞에 둔 상황에서 사업주가 퇴직금을 전혀 적립하지 않은 사실을 알게 된다. 갖가지 명목으로 이주노동자에게 비용을 물려 퇴직금을 떼어먹는 사업주도 있다. 농축산업 이주노동자들의 노동강도가 높지만, 노동시간이 조작되고 임금이 제대로 지급되지 않는다. 하물며 근로감독관은 인력 부족을 핑계로 늘 관리를 등한시한다. 이주노동자는 일한 만큼 대가를 받기가 왜 이리 어려운가?

지금 다문화거리로 불리는 안산 원곡동, 이곳에 사업장
을 열면서 서울 집을 정리하고 이사하자는 남편의 제안
에 따라 2000년에 안산으로 왔다. 그런데 이사 후 사업
에 문제가 생겨 이 일을 해결하는 데 꼬박 1년이 넘게 걸
렸고, 사업도 우리 관계도 위기에 빠졌다. 평소 나는 돈
을 많이 벌면 봉사하겠다고 생각했는데, 돈을 버는 데 집
중하다 뜻하지 않은 제동을 겪은 뒤 생각이 바뀌었다. 몸
으로 하는 봉사는 돈이 없어도 할 수 있다는 친정 엄마의
말씀을 듣고 바로 실행에 나서 안산외국인노동자센터에
첫발을 들였다.

　　처음에는 일자리를 잃고 산업재해와 임금 체불을 당
하거나 사업장 문제로 센터의 쉼터에 머물던 이주노동
자들을 위해 점심 준비를 도왔다. 기억을 떠올려 보니 주
로 한 일이 달걀 부치기다. 당시 30대 초반이던 나는 요

리 솜씨가 없어서 단순 작업을 거들거나 설거지를 할 수밖에 없었다. 그러다 2003년에 센터 부설 코시안의집 부원장을 맡아, 등록 여부와 상관없이 이주민 가정의 영유아 자녀를 돌보고 방과 후 프로그램을 진행했다. 미숙해도 열정만은 가득하던 때다.

2007년에 여성학 석사과정을 마친 뒤 2012년까지는 한국다문화가족협회 대표를 맡아 필리핀 이주 여성 공동체 다마얀과 하와까마이를 조직하는 데 힘을 보태거나 중국, 베트남, 몽골 출신 이주 여성들의 모임을 꾸리려고 분주히 뛰어다녔다. 다마얀은 '서로 돕기', 하와까마이는 '손에 손을 잡고'를 뜻한다. 힘없는 사람들에게 꼭 필요한 연대를 강조한 것이다. 내가 속한 파키스탄 커플 모임의 가족도 다문화가족협회에 합류했다. 그 뒤 다양한 출신국의 이주 여성들뿐만 아니라 이주 남성과 결혼한 한국 여성들이 다문화 가족이라는 이름 아래 모여 교육과 캠프, 축제와 파티, 여행과 즉흥극 등 많은 활동을 함께 했다.

당시 이주민과 관련해 사건이 일어나거나 의견을 구할 일이 생기면 맨 처음에 안산외국인노동자센터를 찾는 기자들이 많았다. 교육학, 사회학, 사회복지학, 여성학,

인류학 분야 연구자들도 다문화 가족과 이주노동자를 연구하고 싶다며 몰려왔다. 센터의 지원을 받거나 활동에 참여한 이주민들은 기자들의 취재에 응하고 연구자들의 질문에 답했다. 사회의 바람직한 변화를 위해 꼭 필요한 일이라는 설득에 성실히 응했지만, 질문 공세에 시달린 당사자들의 마음은 편치 않았을 것이다. 자신의 일상을 낯선 사람들에게 시시콜콜 밝히는 일이 좋을 리 없을 테니 말이다.

***

내가 코시안의집에서 만난 영유아들이 지금은 20대가 되었다. 이들은 대개 부모의 초청으로 한국에 머물다 미등록 상태가 되거나 한국에서 이주노동자의 자녀로 태어난 경우였다. 당시 이들이 제일 듣기 싫어했는데 반복적으로 들은 질문이 있다. "어느 나라에서 왔어요?" 물론 아이들의 대답은 한결같았다. "저는 한국 사람이에요!" 그럼 질문이 달라진다. 엄마, 아빠가 어느 나라 사람이냐는 것이다. 이렇게 묻는 데는 '너희는 한국인과 다르다'는 인식이 깔려 있다. 너는 순수한 한국인이 아니야, 너는 다른 나라에서 왔어, 너희 부모는 이 나라 출신이 아니야…… . 기자들은 아이들의 사진을 싣고 출신국을 밝히면서 현장감 있는 기사를 썼다고 생각했을 것이다. 그런데 기사가 아이들에게 어떤 도움을 줄 수 있는지도 고민했을까? 당사자인 아이들이 전면에 나서야 권리를 찾고 사회를 바꾸고 법을 만드는 데 도움이 된다는 말이 사실일지라도, 아이들을 취재와 연구의 대상으로만 여길 뿐이지 지속적으로 관심을 기울이며 개개인을 배려한다는 생각은 들지 않았다.

통계로 수치화되는 아이들의 삶을 현장감 있는 인터뷰에 담는 연구자들도 있다. 하지만 이들이 내놓은 해석에 선뜻 동의하기 어려울 때가 많다. 아이들을 단일 집단으로 보기 때문이다. '다문화 아동', '다문화 자녀'로 불린 아이들에게는 늘 '왕따', '학습 부진', '서툰 한국어', '저조한 상급 학교 진학률'이 붙어 있었다. 아이들이 저마다 처한 상황이 고려되기보다는 특정 집단으로 묶이고 평균적인 한국 아이들과 비교되면서 문제 집단으로 여겨졌다. 이런 진단에 따라 아이들은 치료나 지원의 대상이 된다. '웃음 치료', '미술 치료', '음악 치료' 등 무엇을 위한 것인지 모를 이름을 단 프로그램을 여러 프로젝트 진행자들이 수행했다.

'다문화 아동'이나 '다문화 자녀'로 불린 아이들은 부진한 학습을 이유로 찾아가는 다문화 가족 서비스, 대학생 멘토, 학습지 지원, 한국어 교육 지원 등 갖가지 교육 프로그램의 대상이 되었다. 또 이주민 관련 단체들은 부족한 재정을 메울 사업비를 받기 위해 이런 프로그램의 필요성을 공공 기관이나 민간 재단에 써냈으며 아이들이 그 사업의 주요 참여자가 되었다.

한번은 한 대학 교육학과 출신 연구자들이 센터를 찾아왔다. 한국어를 지원한다는 명목이었다. 아이들은 한국어를 잘하고 성적도 좋아서 지원이 필요 없었다. 실무자가 반대했는데도 센터의 대표가 실무자와 아이들에게 강요하다시피 했다. 아이들이 연구자들의 지원 사업 수행을 위해 사진 찍히고 연구 실적에 필요한 머릿수를 보태야 했다.

2010년 광저우 아시안게임을 앞두고는 결혼 이민자 자녀와 부모 중 한 명을 현장에 데려가는 프로그램이 있었다. 필리핀, 중국, 파키스탄, 베트남 등 여러 나라 출신 가족을 모아 함께 떠났다. 준비 단계에 촬영이 시작되었고 출국에 이어 귀국 때까지 방송국 카메라가 따라붙었다. 아빠와 처음으로 떠난 여행에 기대를 품었던 둘째 아이가 돌아와서 화를 냈다. 아시안게임 가운데 축구에 관심이 많아서 참여했는데, 방송국 담당자가 시간이 없다며 이동하라고 재촉해서 경기를 제대로 못 보고 돌아온 것이다. 방송사는 다문화 가족들이 갖가지 행사에 참여하는 '좋은 그림'을 찍는 데 정신이 팔렸을 뿐 이들이 아시안게임을 즐기고 참여하는 데는 전혀 관심이 없었다. 허수아비 구실에 지나지 않던 이 일로 남편과 아들이 다시는 다문화 가족 관련 행사에 참여하지 않겠다고 선언했다.

10년이 훌쩍 지난 지금은 어떨까? 이주민들이 주도하는 행사는 외부 시선을 의식할 필요가 없고, 어느 나라에서 왔는지 물어보지 않으니 편하고 즐겁다. 그러나 이주민 관련 단체에서 여는 축제라면 아이들이 부모 나라의 전통 의상을 입은 채 전시된다. 아이들은 불만스러워도 관계 때문에 마음을 드러내지 못한다. 아이들만 겪는 일은 아니다. 관이 주도하는 세계인의 축제, 다문화 축제, 이주민 축제, 국제 거리 축제 등에서 이주민은 다양성을 드러내기 위해 참여해야 했고, 사람들은 겉모습이 한국인과 다를수록 좋아했다. 그래야 다양성이 보이기 때문이다. 이주민 공동체별 축구 대회가 자연스럽게 출신국별 대항전처럼 된 적도 있다. 비영리단체가 주도하던 운동경기가 어느 해부터인가 그럴듯한 외국인 축제로 꾸며져서 공공 기관의 실적이자 전시 행사가 되기도 한다. 실적을 올리려는 공무원이 벌이는 일이다.

***

이주민들은 귀화로 한국 국적을 받는다. 그럼 주민등록증이 발급되고 비로소 한국인, 살고 있는 동네의 주민으로 공식화된다. 주민등록번호가 있다는 것은 국민으로서 책임을 다하고 권리도 누린다는 뜻이다. 그러나 귀화한 파키스탄 남성들은 얼굴에 귀화자라고 쓰여 있지 않은 이상 체류 단속에서 자유롭지 못하다고 하소연한다. 생김새만으로 단박에 출신국을 판별할 수 있다고 확신하는 출입국관리사무소 단속반원들에게 잡히기 때문이다. 주민등록증을 확인하고 나면 풀려나지만, 신분증 없이 물건을 사러 잠깐 나갔다가 단속반과 마주치면 출입국관리사무소 임시보호소 창살 안에서 하룻밤을 보내기도 한다. 이런 일을 겪고 나면 국적 취득이 체류 연장에 따르는 피로를 없앨 뿐이지 외국인으로 여겨지는 데는 전혀 변화가 없다는 토로가 나올 수밖에 없다.

"누가 한국인인가?" 이런 근본적인 물음에 우리는 어떤 답을 내놓을 수 있을까? 한국인의 피부색을 비롯한 생김새가 다양해지고 있다. 단일민족의 후손으로 확신할 만한 외모를 가진 사람만이 한국인이라고 할 수 없는 시대가 왔다. 한국인과 닮은 몽골, 중국, 일본 출신이 쉽게 한국인으로 여겨진다면 한국인의 이미지가 모호해진다. 순혈의 증거가 있나? 교과서에서도 사라진 단일민족이라는 믿음이 왜 여전히 일부에서는 중요하게 작동할까?

"어느 나라에서 왔어요?" 어떤 사람에게는 인종차별과 같은 물음이다. 코로나19 팬데믹 이후 미국 사회에서 아시아인을 대상으로 벌어진 폭력을 떠올려 보자. 미국 이민 한인의 역사가 100년을 넘은 지 오래고, 미국 거주 한인 중 40퍼센트는 미국에서 태어났다. 이들은 엄연한 미국인인데 존재를 무시당하고, 주류 사회의 규범을 잘 따르는 모범 이민자의 모델로 이용당하고, 눈이 찢어졌다며 비웃음을 사고 인종차별을 받는다. 백인과 흑인의 눈에 한인은 미국인이 아니라 아시아인일 뿐이다. 그런데 미국 사회에서 한인을 대상으로 일어나는 폭력을 보며 분노하는 사람들에게 묻고 싶다. 한국 사회에 정착한 이주민들에게 출신국을 묻는 당신이 정작 하고 싶은 말이 무엇이냐고 말이다.

　파키스탄계 이민자 출신 영국인 연구교수는 자신이 '영국사람'이라고 하면 한국 출입국관리사무소 공무원들이 의심하는 눈초리를 보인다고 한다. '까무잡잡한 피부와 동양적인 외모인데 영국인이라니…….' 영국은 수많은 나라를 식민지로 삼으면서 이민자를 받아들일 수밖에 없던 역사가 있다. 이것이 영국에 이민자들이 존재하는 이유다. 우리는 우리의 필요 때문에 이주민들을 한국 땅에 불러들였다. 그런데 출신국을 구분하면서 필요에 따라 이들을 우대하거나 냉대한다. "어느 나라에서 왔어요?" 하고 묻는 것이 출신국별 위계를 바탕으로 한 이주민 차별의 첫 단계가 아닐까?

8 영어만 잘하면 된다?

아이들을 낳아 키우면서 교육에 대한 고민이 깊어졌다. 아이들이 태어나자마자 외국인으로 등록되었고 당시에는 다문화 교육 같은 프로그램이 없었기에, 우리 부부는 당연히 아이들을 외국인학교에 보내야 했다. 그런데 남편이 한국 국적을 취득하면서 상황이 달라졌다. 아버지를 따라 아이들도 한국 사람이 되었기 때문이다. 외국인학교에 들어갈 수는 없게 되었고, 여느 한국 아이들처럼 어린이집과 유치원을 거쳐 초등학교에 갔다.

결혼할 때 아버지는 남편이 영어를 쓰는 나라 출신인 데다 영어를 전공해 영어 구사 능력이 있다는 사실을 높게 평가했다. 영어 프리미엄이 통한 것이다. 한때 나는 남편이 아이들에게 파키스탄의 공용어 중 하나인 우르두어를 가르치면 좋겠다고 생각했다. 하지만 남편은 우리가 파키스탄에서 살지도 않고 파키스탄 친척들이 영어를 쓰는데 무슨 걱정이냐면서 반대했다. 한국에서 살려면 영어가 필수라는 생각이 강했고, 나와 아이들이 파키스탄에서 절대 살 수 없다고 여긴 것이다. 남편이 한국 사회에 적응하느라 정신없던 형편도 영향을 미쳤을 것이다. 그때는 남편이 먹고사는 문제를 해결하려고 사업에 매진하며 주말도 없이 일하느라 아이들과 대화할 시간마저 부족했으니, 아이들이 아버지 나라의 언어를 자연스럽게 배우기는 어려웠다.

2004년쯤 여행사를 운영하면서 아이들에게 다양한 기회를 주고 싶다는 생각에 미국이나 영국으로 유학 보낼 마음을 먹었다. 2002년부터 대학원에서 여성학을 공부하며 이주민 관련 인권 운동에 발을 담그고 있었지만, 사회적 성공에 대한 욕망은 남들과 다르지 않았다. 그 욕망을 실현할 수 있는 기반이 영어라고 생각했다. 나는 학업 때문에 어쩔 수 없이 배워야 하는 영어가 늘 부담스러웠지만, 아이들은 영어를 자유자재로 구사하기를 바랐다. 영어 유치원에 보내며 영어로 노래하게 하거나 질문에 답하게 했지만, 내 기대와 다르게 아이들은 성장할수록 한국어를 제일 잘했다. 아이들에게도 영어는 시험 때문에 공부해야 하는 과목일 뿐이었다.

***

결혼 이민자 여성에게는 한국 문화에 동화되길 강요하는 압력이 있다. 제사상 차리기, 김장하기, 된장찌개 끓이기처럼 한국 음식 만들고 시부모 모시며 한국 관습 익히기를 이들이 무엇보다 먼저 갖춰야 할 덕목으로 여기는 것이다. 한국의 가부장적 질서에 순응하는 '효부, 현모양처' 만들기랄까? 그래서 이주민 인권 단체는 결혼 이주 여성들이 평등한 부부 관계를 맺고 자녀와 적극적으로 소통하려면 이중 언어 사용이 필요하다고 강조했다.

그런데 이들이 자녀를 낳고 기르는 과정에서 서툰 한국어가 문제로 떠올랐다. 사회통합교육 이수라는 명목하에 한국어 습득을 귀화 조건으로 만들어, 이들이 한국어를 쓰게 하는 것이 국가적 사명이 되었다. 그리고 이 과정에서 영어나 중국어, 일본어가 아닌 아시아 국가의 언어는 전혀 쓸모없는 것이 되었다. 결혼 이주 여성의 모국어가 자녀 양육에 방해만 된다고 여겨지고, 이들은 가족의 의사소통 구조에서 고립되어 갔다. 자신의 모국어인 베트남어나 캄보디아어나 몽골어로 자녀에게 말하면 여기저기서 호통이 날아왔다. 못 알아먹을 말을 가르쳐서 아이를 바보로 만든다는 것이다. 학교에서는 가정통

신문이 번역되어 나가지만 몇 가지 언어에 한정되기 때문에, 그 밖의 언어를 쓰는 결혼 이주 여성들은 아이의 학교생활을 파악하는 데도 어려움을 겪었다. 엄마가 한국어를 못하는 것이 아이 학습 부진의 이유로 지목되고, 어눌한 한국어는 아이가 엄마를 무시하게 하는 빌미가 되었다.

***

2008년 다문화가족지원법 제정으로 한국이 다문화 사회를 향한 변화를 인정했다고 볼 수 있다. 이때 다문화 가정 아이들이 부모 중 외국인인 쪽의 언어를 써서 이중 언어 사용자가 되는 것이 유리하다는 사회적 분위기가 형성되었다. 이제 아이들은 이중 언어를 쓰는 세계적 인재가 되어야 한다. 한국어와 영어는 기본으로 익히고, 부모 중 한쪽의 모국어도 구사해야 한다. 사회는 다문화 가정 아이가 몇 개 국어쯤 쓰는 것을 당연하게 여긴다.

인도, 파키스탄, 방글라데시, 네팔 사람들이 영어를 자연스럽게 쓰는 사정은 제국주의 식민지 역사를 빼놓고 말할 수 없다. 콩고 난민이 프랑스어를 잘하는 것도 같은 맥락이다. 한국 사회에 스며든 일본어가 식민지 역사와

무관하지 않듯이 말이다. 언어를 중심으로 세계 질서가 어떻게 재편되어 있는가를 살펴보면 마음이 편하지 않다. 유엔 공용어가 영어, 스페인어, 프랑스어, 러시아어, 중국어, 아랍어라는 사실은 이 언어를 쓰는 나라가 얼마나 많은 곳을 지배했는지도 보여 준다. 자기 목소리를 내기 위해 지배자의 언어를 배워야 하지만 그것을 완벽하게 쓰기 힘든 피지배자는 주류에서 밀려날 수밖에 없었다. 언어는 민족 간 지배와 피지배 그리고 포섭과 배제의 수단으로 기능해 왔다. 사람들을 줄 세우거나 밀어내거나 침묵을 강요하는, 어떤 사람 또는 어떤 집단을 보이지 않는 존재로 만드는 수단 말이다.

언어 구사력은 계급을 드러내는 상징 권력이기도 하다. 이것은 한국 사회만의 문제가 아니고, 이주민이 그 위계에서 피해자이기만 한 것도 아니다. 필리핀 여성이 영어를 쓰는 것은 한국어를 몰라서가 아니라 영어 쓰는 사람이 대우받기 때문이다. 이주민들도 서로 등급을 매긴다. 이주민이 밀집한 지역인 원곡동을 연구한 학자는, 우즈베키스탄에서 온 남성 이주노동자들이 한국 여성 다음으로 필리핀 여성 그다음에 베트남 여성 순으로 등급을 매긴다고 한다. 한국 여성은 사회의 주류라서 위계의

꼭대기에 자리하고, 필리핀 여성은 영어를 쓰기 때문에 그다음 자리를 차지한다. 남성 이주노동자의 이런 평가는 인종주의와 성차별이 결합되는 방식을 보여 준다.

***

TBS 라디오의 외국어 방송 채널 eFM 프로그램 대부분이 영어로 진행되고 저녁 9시 이후에 중국어 프로그램, 토요일과 일요일에 베트남어 프로그램이 편성된 것은 한국 사회의 언어 위계를 단적으로 보여 준다. 문화평론가 박민영이 『지금, 또 혐오하셨네요』에서 말했듯이 "외국인들은 GDP 순서대로 서열화된다". 국가의 경제적 위계가 인종차별과 언어 위계에 영향을 준다. 경제적 필요에 따라 과거에 공산주의 정권이라며 교류조차 없던 나라들과 관계를 개선하면서 그들의 언어도 써먹을 자원이 되었다. 그리고 이주민들의 언어에 순위가 매겨진다.

공용어가 있다는 것은 문제가 아니다. 서로 이해하고 소통하는 수단으로서 공용어가 있다면 당연히 좋지 않은가? 문제는, 언어가 우리와 이주민을 줄 세우는 평가의 기준이 될 때 인종차별이 이어진다는 것이다.

3장

타인의 고통을 외면하는 사회

일곱 살에 인도네시아에서 온 D를 내가 처음 봤을 때는 그의 한국말이 어눌했다고 기억한다. 당시 D의 부모는 미등록 체류 상태라 아이를 일반 유치원이나 어린이집에 보낼 수 없었다. 마침 내가 활동하던 코시안의집이 미등록 체류자의 자녀, 특히 영유아와 미취학 아동을 위한 공간을 마련한 때라 D를 받아 줄 수 있었다. 카자흐스탄에서 온 G는 누가 봐도 한국인과 다른 외모로 러시아말을 하는 아이였다. G의 엄마는 체류 비자가 있지만 생계를 이어 갈 수 없을 만큼 불안정한 상태였다. D와 G는 코시안의집이 마련한 공간에서 한국어를 배우고 한국 생활에 적응해 갔다. 둘이 자주 부딪치며 싸웠지만 다시없는 친구처럼 붙어 다니기도 했다.

두 아이는 커 가면서 형편이 달라졌다. G는 합법 체류 신분을 갖게 된 덕에 고등학교를 마쳤고, 바리스타로 아르바이트를 한다면서 커피 내리는 솜씨를 보여 주기도 했다. 마지막으로 들은 G의 일터는 횟집이었다. 카페보다 임금이 많아 그곳에서 일한다고 들었다. 그 반면 D는 고등학교 1학년 때 이후 얼굴을 보지 못했다. 한국에서 오랫동안 미등록 체류자로 일하느라 지친 부모가 돌연 인도네시아로 돌아갈 때 D도 따라갔는데, 한국에 올 때처럼 떠날 때도 자기 뜻대로 결정한 것이 아니다. D의 누나는 고등학교를 졸업하자마자 강제 출국 명령을 받고 인도네시아로 떠난 뒤라, 가족은 자카르타에 모여 살기 시작했다.

내가 D와 다시 소통하게 된 것은 카카오스토리 덕이다. 한국에서 청소년이 된 D에게 인도네시아는 낯선 곳이었고, D는 모국어지만 익숙해지지 않는 인도네시아어보다는 한국어를 통해 자기 심경을 유려하고도 깊이 있게 풀어냈다. 그런데 어느 날 D가 또 침묵하기 시작했다. 게임 스토리를 쓰고 팀을 짜서 애니메이션을 만들 만큼 남다른 재능이 있던 아이가 꿈을 이룰 수 없다고 여겼을지 모른다. 한국에 와서 살고 싶어 했지만 유학비를 감당할 수 없어서 포기한 뒤로 절망에 빠져든 것이다. 그러다 페이스북에서 우연히 다시 D를 만났다. 메시지를 몇 번

주고받은 뒤 다시 연락이 끊겼고, 한참 뒤 D가 한국 대학에 다니고 있다는 소식을 접했다. 뛸 듯이 기뻤다. 기어코 왔구나, 너무 보고 싶었다. 하지만 만나자는 말만 오갔고 얼굴은 보지 못했다. 나는 D가 감추고 싶은 과거를 아는 사람일 뿐일지도 모른다. 조금 서운하지만 그럴 수 있다고 생각한다.

***

20년 전 어느 겨울날, 분홍색 외투를 입은 여섯 살 내 딸과 노란색 외투 차림의 다섯 살쯤 된 남자아이가 서울랜드 놀이 기구를 탄 채 웃으며 찍은 사진이 있다. 남자아이 부모는 중국 한족이었다. 이들이 아이를 위해 중국에 돌아가기로 마음먹은 뒤 추억을 남기자며 함께 놀러 가서 찍은 사진이다. 한국에서 미등록 상태였던 이들은 출생 등록을 하느라 애를 먹다 간신히 아이의 여권을 만들었다고 했다.

아이가 미등록 상태인 건 부모의 체류 자격 때문이다. 온 가족이 합법적으로 한국에 왔어도 체류 연장이 안된 경우, 부모가 미등록 상태일 때 아이를 출산하면 출생 등록을 못 해 미등록 상태로 남는다. 국내에서 출생한 외국인 아동은 본국 대사관에 출생 사실을 신고해야 하는데, 난민이나 체류 자격이 없는 이주민은 추방이 두려워서 출생 등록을 못 하는 것이다. 부모의 국적부가 말소돼 신고할 수 없는 경우, 나라에 따라 미혼모 자녀는 출생 등록이 불가능한 경우도 있다. 미등록 아동은 사실상 무국적 상태라 어느 국가의 보호도 못 받는 처지가 된다. 당연히 기본적인 예방접종과 교육 같은 복지 혜택도 누릴 수 없다.

때로 어디서 어떻게 자라는지 알 길 없는 아이가 활동가의 가시권에 들어온다. 부모가 아이를 학교에 보내고 싶어서, 운동선수로 등록하고 싶어서, 수학여행 때 비행기를 태울 수 없을까 봐 걱정되어서, 대학에 보내고 싶어서 문의하기 때문이다. 이렇게라도 알려지는 아이와 달리, 드러나지 않은 채 살아가는 아이의 존재는 끝내 알 수가 없다. 실제 미등록 이주 아동의 수는 2만 명이 넘을 것으로 본다.

이주 아동은 교육권과 안정적 체류의 필요성을 인정받아 미등록 아동이라도 고등학교 졸업 때까지 강제 퇴거가 유예된다. 초등학교와 중학교에 등록도 할 수 있다. 하지만 외국인등록번호가 없으니 일상의 자유를 온전히 누릴 수는 없다. 보험 가입이 안 되니 병원비 부담이 클 수밖에 없고, 그래서 아프면 참는다. 각종 대회 출전과 자격증 시험 도전은 물론이고, 하다못해 현장학습 신청도 못 한다. 신분증이 필요한 통장 개설, 휴대전화 개통, 혼인신고와 사망신고도 할 수 없다. 커 갈수록 추방의 압력이 거세진다. 고등학교를 졸업하고 스무 살이 되면 부모의 나라라고는 해도 전혀 모르는 곳으로 가야 한다.

본국으로 간 아이는 결국 한국으로 돌아온다. 어릴 때 떠난 나라는 기억에서 사라지고 한국에서 자란 시간이 켜켜이 쌓여 일상이 된다. 몽골에서 태어났어도 한국 땅에서 자란 아이는 김치와 쌀밥이 익숙하고 한국을 그리워한다. 아니, 애초에 한국을 떠나고 싶어 하지 않는다. 그러나 대한민국 출입국관리법이 이들의 등을 떠민다.

***

한국 정부는 1991년에 유엔 아동권리협약에 가입하고 비준했다. 협약에서 "아동은 출생 후 즉시 등록"돼야 한다고 규정하고 있지만 '외국인 아동 출생 등록법'은 아직도 법제화되지 못했다. 한국의 이런 미등록 이주 아동의 상황에 대해 2018년 유엔 인종차별철폐위원회가 우려를 나타냈고, 같은 해 여성차별철폐위원회도 "외국인 부모에게서 태어난 아동의 등록을 위해, 병원 및 의료 전문가의 출생신고 의무 등을 포함, 필요한 법과 절차를 도입하고 시행할 것을 권고"했다. 그다음 해에는 유엔 아동권리위원회가 "모든 아동이 온라인 출생신고를 포함한 출생신고를 부모의 법적 지위 또는 출신지와 관계없이 보편적으로 이용할 수 있도록 보장하라"고까지 했다. 국제사회는 한국 정부에 2011년부터 여덟 차례에 걸쳐 외국인 아동 출생 등록제의 도입을 권고했다.[1]

법제화가 계속 미루어진 가운데 2021년 4월 19일부터 시행한 법무부의 '국내 출생 불법체류 아동 조건부 구제 대책' 덕분에 상황이 조금은 나아졌다. 이는 장기 체류 아동에게 '조건부' 체류 자격을 부여하는 제도로, 국내에서 출생해 15년 이상 체류하고 중등학교에 재학 중이거나 고교를 졸업한 아동에 한해 2025년 3월까지 신청하면 임시 체류 자격(G-1)을 부여한다. 하지만 법무부가 인정했듯이 이 제도의 적용 대상은 100명에서 500명 정도로 미등록 이주 아동의 90퍼센트[2]는 여전히 사각지대에 방치되었다.

사실 체류 자격과 상관없는 보편적 출생 등록은 미등록 이주 아동만의 문제가 아니다. 최근 출생 미신고 '그림자 아동'의 유기, 방치, 사망 사건을 통해 출생 등록 문제에 대한 관심이 커졌고,[3] 언론보도와 여론 덕에 10년 넘게 지지부진하던 '출생통보제' 관련 법안이 2023년 6월 30일 국회에서 통과되었다. 하지만 그림자 아동의 70퍼센트로 추산되는 외국인 아동[4]은 '출생통보제'에서 제외되었다. 현행법에서 출생신고 대상은 국민으로 한정하고 있는 데다, 한국에서 태어난 외국인 아동의 출생을 확인하는 제도가 없기 때문이다.[5]

체류 자격 부여는 한국 사회에서 민감한 문제로 찬반이 첨예하게 대립해 국민적 동의를 얻기가 쉽지 않다. 하지만 출생 등록 문제는 국민이냐 아니냐가 아니라 모든 아동의 권리로서 바라볼 필요가 있다. 한국에서 태어난 아동의 출생신고에는 차별이 없게 하는 법과 제도를 마련하기 위해 2015년부터 활동한 '보편적출생신고네트워크'는 비록 체류의 불안이 해소되지는 않겠지만 이 아이들이 한국 땅에서 살아가는 존재임을 증명할 최소한의 근거가 있어야 한다고 말한다.

국회에서는 2022년 6월에 권인숙 의원이 "등록되지

않은 국내 출생 외국인 아동들은 교육, 보건, 의료 등 아동으로서 누려야 할 기본권과 법적 보호의 사각지대에 방치"되어 있음을 우려하며 '외국인 아동 출생 등록법' 제정안을 대표 발의했지만 입법되지 못한 채 계류 중이다. 그리고 2023년에 소병철 의원 등이 다시 '외국인 아동의 출생 등록에 관한 법률안(제정법)'을 발의했다.[6] 소병철 의원은 "외국인일지라도 아동에 대한 최소한의 기본적 권리를 보장하여 보편적 인권 가치를 실현하는 동시에" "외국인을 대한민국의 법질서 안으로 포섭해 우리 사회의 안전에도 기여하는 의미가 있다"고 강조했다.[7]

한국 사회가 미등록 이주 아동을 더는 외면하지 않으면 좋겠다. 이 아이들이 있다는 것을 알리는 등록일 뿐이지만, 이것은 최소한의 인권을 보장하는 출발점이라는 점에서 의미가 크다.

10 우리는 살해당하러 오지 않았다

이주민방송이 문래동에 있는 단체 아시아미디어컬쳐팩
토리(AMC팩토리)의 공간에 더부살이한 적이 있다. 내가
2016년에 이주민방송 대표를 맡았을 때 함께 있어서 큰
힘이 된 이곳은 다양한 인종, 다양한 나라의 사람들이 모
인 문화·예술 단체로 이주민문화예술공간 프리포트와
서울이주민예술제를 주관한다.

어느 날 AMC팩토리에서 이현정 감독의 단편 다큐멘
터리 〈편지〉(2014)를 상영했다. 특정 인물의 활동을 좇거
나 특정 사건을 조망하는 식으로 인터뷰를 넣는 기존 다
큐멘터리 문법을 따르지 않아서 독특하고 강렬한 인상을
주는 작품이었다. 영화는 두 개로 나뉜 화면에 두 여성의
얼굴이 클로즈업된 채 시작된다. 베트남 출신으로 보이
는 여자와 한국인 선주민으로 보이는 여자다. 마주보는
듯한 두 사람 중 베트남 여성이 편지를 읽기 시작한다.

어떤 설명도 자막도 없다. 처음에는 기술적 오류로 자막이 빠진 줄 알았는데, 이것은 감독이 의도한 결과였다. 모르는 외국어가 얼마나 낯설고 답답하게 들리는지를 관객이 느끼게 하려는 것이었다. 관객은 편지를 읽는 여성의 목소리가 떨리고, 눈물을 주체하지 못하는 것을 그저 바라볼 수밖에 없다. 이내 맞은편 여성이 한국어로 번역된 편지를 읽기 시작하면서 드디어 내용을 알게 된다.

편지는 열아홉 살의 베트남 출신 결혼 이주 여성인 후인 마이가 2007년 6월 25일 한국인 남편에게 쓴 것이다. 후인 마이는 2006년 12월 베트남에서 한국 남자와 만나 결혼식을 올리고, 2007년 5월 16일부터 한국에서 신혼살림을 시작했다. 그녀는 남편을 이해하고 결혼 생활에 최선을 다하고자 한국어를 배우려 했지만 남편의 반대로 그러지 못했다. 편지에는 그녀가 얼마나 외롭고 답답했는지가 드러났다. 마지막에는 베트남으로 돌아가 새 삶을 시작하고 싶다는 소망을 이야기했다. 편지 낭독이 끝난 후, 편지를 쓴 다음날 그녀가 남편에게 살해되었다는 말이 덧붙여진다. 법정에서 판사는 낯선 나라로 시집와 고작 40일 만에 남편의 폭력으로 갈비뼈 18대가 부러진 채 세상을 떠난 후인 마이의 편지[8]를 한국어로 옮겨 남편에게 들려주었다고 한다.

***

2014년 12월 30일 한겨울 추위 속 덕수궁 대한문 앞에 얼굴 없는 영정을 든 이주 여성들이 섰다. 현수막에는 검은색으로 '우리는 살해당하러 오지 않았다'고 쓰여 있었다. 사실 이해에 이주 여성 일곱 명이 남편이나 아는 남자에게 살해당했다. 이주 관련 단체와 이주 여성들은 억울한 죽음을 애도하고 왜 이런 일이 일어나는지 사회에 묻기 위해 추모제를 열었다. 가정폭력과 성폭력 피해자인 이주 여성들이 존중받지 못한 세상에서 시신이 된 뒤에야 목소리를 낼 수 있었던 셈이다.

그때 나는 다문화 가정 사람들이 만든 단체에서 교육 이사라는 직함으로 활동하고 있었다. 일종의 연대 조직인 이 단체는 몽골, 베트남, 스리랑카, 일본, 우즈베키스탄, 중국, 캄보디아, 파키스탄 등 다양한 나라에서 온 결혼 이주 여성 대표와 한국인 배우자 대표 들의 모임이었다. 여러 공동체의 연대로 다문화 가정에 대한 사회적 인식을 개선하자는, 당사자가 중심이 된 단체였다. 물리적 공간과 재정이 확보되지 않아 어려움이 많았지만 자주 만나 다양한 이야기를 나눴다. 앞에 말한 추모제 참여 여부도 그중 하나였다. 우리가 다문화 가정 당사자 모임의 연합체로서 추모제에 참여하는 40여 개 단체의 연명에 들어가야 하지 않겠냐는 것이 내 제안이었다. 이를 두고 토론이 진행되었고 찬반이 팽팽했다. 이때 캄보디아 이주 여성의 한국인 배우자가 뜻밖의 말을 꺼냈다. 이런 추모제에 참여하면 부끄럽다는 것이다. 더구나 한국 정부의 정책을 비판하는 데 함께할 이유가 없다고 했다. 나로서는 무엇이 왜 부끄러운지 알 수 없었다. 어쨌든 직접 만나 의논한 끝에 추모제 참여 단체로 이름을 올리고, 실제 참여는 저마다 형편을 따르기로 했다. 그런데 놀랍게도, 당시 회장이던 일본인 결혼 이주 여성이 주도한 온라인 회의에서 연명 취소와 참여 불가로 결정이 뒤집혔다. 이런 태도에 분노한 나는 단체를 탈퇴했다. 그리고 단체의 결정과 상관없이 추모제에 참가한 사람들과 함께했는데, 광화문에서 성조기와 태극기를 들고 있는 일본인 여성 회장과 우연히 마주쳤다. SNS에서 한국을 사랑한다고 밝힌 그녀는 귀화하지 않았으며 대학에서 일본어를 가르치고 있었다.

다문화 가정을 이루고 사는 결혼 이주 여성이나 한

국인 배우자 중에 한국 법은 물론이고 주류 사회의 질서에 순응할 것을 주장하는 경우가 있다. 당연히 이들은 정부 정책에 반대하는 데 나서지 않으려고 한다. 설사 정부 정책이 부당하게 소수자를 차별하고 이주민을 배제해도 달라지지 않는다. 때로 이들 중 일부는 사회적 차별을 개선하기보다 화려한 옷차림으로 멋진 장소에 초대받는 손님으로서 위치를 만끽하며 그럴듯한 직함에 둘러싸여 있기를 좋아하는 듯하다. 누군가 고통 속에서 살려 달라고 외치는 순간에도 말이다.

한국어 학습 지원이나 찾아가는 다문화 서비스, 다문화 가정 자녀 특례 입학 등 한국의 다문화 정책이 좋다고 감탄하는 이주민도 있다. 하지만 그 정책이 차별과 배제를 통해 다른 이주민들을 소외하고 있으며 폭력 속에서 죽임을 당하는 사람도 있다는 사실을 고민하지 않는다면 자신의 인권을 어디서 찾고 지킬지 의문이다. 사회가 주목하는 문제와 엄연한 피해자의 숫자가 있는데도 외면한다면 자신도 언젠가 똑같이 당할지 모른다는 두려움이 생기지 않을까? 정말로 나는 다르다, 나는 잘살고 있다고 확신할 수 있을까?

***

다행히 이주 여성 중 몇몇은 죽음에 이르기 전에 가정폭력과 성폭력을 피해 달아날 수 있었다. 그런 여성들은 폭력 피해에 대응하는 상담소와 쉼터를 이용하는 행운이 있다. 그러나 도망칠 곳이 있다는 사실을 모르는 이주 여성은 때로 자신이 당하는 폭력의 현실을 SNS로 공유한다. 같은 나라에서 온 사람들이 자신의 상황을 알고 도와주기를 바라는 마음에서다. 어떤 이의 눈에 띄어 한국인들도 알 수 있게 공유된 사건이 사회적으로 엄청난 파장을 불러일으키기도 한다.

2019년에 전북 익산의 시장이 다문화 가정 자녀를 '잡종', '튀기'라고 표현해 공분을 샀다. 결혼 이주 여성들이 다문화 가정 비하를 더는 참을 수 없다며 이런 혐오 발언의 심각성을 알리고 있을 때 페이스북에서 영상 하나가 공유되면서 논란이 일었다. 한국 남자가 배우자로 보이는 베트남 여성에게 폭언과 폭력을 행사하는 가운데 이들의 자녀인 듯한 아이가 여성의 다리를 붙들고 있는 모습이었다. 누가 봐도 가정폭력인 이 사건이 경찰 수사로 넘어가며 논란이 마무리되는 듯했다. 그런데 남편의 전처라는 사람이 폭행당한 이주 여성을 온라인에서 비난하고 나섰다. 전남편이 자신과 결혼을 유지하면서 그 여성과 내연 관계에 있었다는 것이다. 이 때문에 결혼 이주 여성들 간 의견이 충돌했다. 결혼 전에 어떤 관계였는지가 아니라 결혼생활을 유지하고 있는 현재 일어난 가정 폭력이 문제라는 쪽과 누군가에게 상처를 주고 결혼한 비도덕적인 여성을 지지할 수는 없다는 쪽의 대립이었다. 남편이 바람을 피워 이혼한 모 이주 여성 단체 대표는 왜 우리가 이런 여성까지 지지해야 하냐며 나에게 항의했다. 그런가 하면 폭력 사건과 결혼 전 일이 무슨 상관이냐며 내연녀는 남자에게 맞아도 되냐며 항의하는 다른 단체 대표도 있었다.

이런 논란 속에서 이주 여성들의 분노를 폭발시킨 폭력 남편의 이야기가 언론을 통해 알려졌다. 말이 통하지 않아서 여성을 때렸다는 항변이었다. 이에 더욱 분노한 결혼 이주 여성들은 말이 통하지 않은 것이 그 여성만의 책임인가, 한국어를 모르고 소통이 안 되면 때려도 되는가를 따지며 법무부 앞에서 집회까지 열었다. 몇몇 이주 당사자 단체 대표와 활동가 들은 결혼 이주 여성에 대한 정책과 처우 개선을 위해 법무부 간담회를 이어 갔다.

결혼 이주 여성들의 목소리가 권리 투쟁의 장에서

대대적으로 드러난 것은 이때가 처음이다. 결혼이 목숨을 담보해야 할 만큼 위험천만한 일인가? 배우자와 안전하게 사는 것이 복불복인가? 아니다. 생명은 모두 소중하고 존엄은 반드시 지켜져야 하며 폭력은 사라져야 한다. 그 누구도 이곳에 살해당하러 오지 않았기 때문이다.

11 죽음의 강을 건넌 네팔 이주노동자

이주민방송을 만든 사람 중에 네팔 출신 미누가 있다. 그가 2004년에 여러 활동가와 이주민방송 전신인 이주노동자방송을 만들었고, 기획과 연출 및 진행 등 많은 일을 하며 대표를 맡았다. 그의 이야기를 담은 영화 〈안녕, 미누〉(지혜원 감독, 2020)를 보면 그가 20대 초반의 청년으로 등장한다. 영화에서 그는 서울 창신동의 조그만 공장에서 미싱을 돌리며 환하게 웃는다. 비록 미등록 체류 상태라도 웃을 수 있었던 그가 단속을 겪은 뒤 임금 체불, 미등록 단속, 추방 등 이주노동자에 대한 차별에 저항하는 집회와 시위에 참여한다.

당시 성공회대에 꾸려진 농성장에서 미누는 미얀마 출신 이주노동자 두 명, 한국인 드러머와 밴드 '스탑크랙다운'(강제 추방 반대)을 만들었다. 이주노동자의 현실을 노래에 담아 미등록 이주노동자의 체류 자격 합법화와

노동조건 개선을 요구하는 투쟁에 나선 것이다. 결국 이주노동자에 대한 제도가 말 많고 탈 많던 산업연수제에서 고용허가제로 조금이나마 개선됐지만, 미누는 그 제도의 수혜자가 되지 못한 채 강제로 출국당했다. 고용허가제도 미등록 이주노동자에게 체류 자격을 주진 않았기 때문이다.

***

2009년 10월에 강제 출국될 때 미누는 미등록 상태였다. 그럼에도 추방 직전까지 다문화 시대라며 펼쳐진 온갖 축제 현장에서 방송과 공연을 이어 갔다. 불안한 체류와 상관없이 노동자의 상징인 목장갑을 손가락이 보이게 잘라 끼고서 마이크를 잡았다. 그리고 제도가 바뀌어도 나아지지 않은 이주노동자의 삶을 노래하고 또 노래했다.

〈안녕, 미누〉의 공연 장면에 나오는 노래 〈손무덤〉은 듣는 것 자체가 고통스럽다. 박노해 시인의 동명의 시에서 영감을 얻어 산업재해 현장을 그려 냈기 때문이다.

> 피 쏟는 잘린 손목을 싸안고
> 타이탄 짐칸에 앉아 병원에 갔네

사장 좋은 차는 작업복 나를 싫어해

사장 하얀 손 기름 묻은 나를 싫어해

기계 사이에 끼어 팔딱이는 손을

비닐봉지에 싸서 품에 넣고서

화사한 봄빛이 흐르는 행복한 거리를

나는 미친놈처럼 한없이 헤매 다녔지

프레스로 싹둑싹둑 잘린 손을

눈물로 묻어 버리고

일하는 손들이 기쁨의 손짓으로

살아날 때까지

눈물로 묻었네 눈물로 묻었네

품속에 든 손은 싸늘히 식었어

푸르뎅뎅한 그 손을 소주에 씻어

양지바른 공장 담벼락 밑에 묻었네

노동자의 피땀을 위해서

사업주나 관리자의 안전불감증 탓에 사고 예방 장치가 가동되지 않거나 보호 장비가 없을 때 이주노동자는 안타까운 죽음을 맞는다. 분뇨가 쌓인 통에 청소하러 들어갔다가 질식해서 죽고, 농어업이나 제조업 현장과 열악한 기숙사를 오가다 과로로 죽는다.

　나와 이주민방송 공동대표를 맡았던 네팔 출신의 덤벌 수바는 이주노동자들이 산업재해나 과로뿐만 아니라 극단적인 선택으로 목숨을 거둔 경우가 많다고 했다. 특히 네팔 출신 이주노동자의 사망 원인 중 자살의 비중이 가장 높은 나라가 한국이라고 했다. 2009년부터 2018년까지 한국에서 확인된 네팔 이주노동자의 자살은 네팔 이주노동자의 사망 중 30퍼센트에 해당하는 43건이다.[9] 죽은 자는 말이 없고, 남은 자는 그 이유를 추측할 뿐이다. 네팔 출신 이주민들은, 견디기 힘든 노동을 그만둘 수 없는 이들이 한국으로 올 때 생긴 빚과 가족 부양에 대한 책임 속에 허덕이며 탈출구가 없다고 여겼을 것으로 본다.

***

미누는 밴드 이름대로 '강제 추방 반대'한다는 노래를 수도 없이 불렀지만 강제로 추방되고 한국 입국을 금지당했다. 이주노조, 이주민방송, 밴드 활동 등으로 이주노동자의 권리를 위해 싸운 전력 때문이다. 그런데 그에게 단한 번 아주 짧은 한국 방문이 허용되었다. 2018년에 완성

된 〈안녕, 미누〉가 DMZ국제다큐영화제 개막작으로 선정되었을 때다. 강제 추방 후 9년 만이었다. 짧은 방문 뒤 네팔로 돌아가고 한 달 만에 미누는 마흔일곱 나이로 갑작스럽게 사망했다. 사인은 심장마비였다. 영화 속에서 미누는 네팔로 찾아간 밴드 동료들에게 다시 만나 함께 연주할 수 있어서 여한이 없다고 말했다.

고향 포카라의 호수에서 한국을 그리워하며 〈목포의 눈물〉을 구성지게 부르던 미누가 세상에 없다는 사실이 믿기지 않는다. 어느 봄날 안양의 한 기관에서 열린 네팔 축제에 참여해 유창한 한국어로 조용필의 〈여행을 떠나요〉를 부른 모습도 아직 기억에 선명하다. 이주민방송에 초대 손님으로 와 준 그와 먹은 음식 맛이 아직 혀끝에 남아 있는 것 같기도 하다. 축제 현장이면 어김없이 등장하던 그가 지금도 어딘가에서 나타날 것만 같다.

미누가 이제 세상에 없음을 받아들여야 했던 사람들이 그의 죽음을 애도하고 그를 추모하는 뜻에서 상을 만들었다.[10] '미누상'이다. 시상 첫해인 2020년 수상자는 방글라데시계 이주민 문화 활동가 섹 알 마문, 2회 수상자는 미얀마 출신 이주노동자들의 인권과 노동권 개선에 힘쓴 미얀마노동자복지센터, 3회 수상자는 음식으로 다양한 문화를 알리는 톡투미다밥협동조합의 대표 이레샤 페레라다. 미누는 이렇게 이주의 역사에서 기억되는 사람으로 우리 곁에 남았다.

***

이름 없는 주검들이 애도를 받지 못한 채 냉동관에 실려 고국으로 돌아간다. 그 주검을 받고 오열하는 가족이 있다. 가족의 삶을 책임지려고 대표 주자로 나선 젊고 패기 넘치던 이주노동자의 주검이다. 네팔 이주노동자 출신 바즈라 쿠마르 라이 감독의 다큐멘터리영화 〈운명을 찾아서〉에 나오는 장면이다. 고용허가제를 통해 한국에서 일하려고 치열한 경쟁을 뚫고 한국어 시험에 통과한 뒤 공무원이나 교사나 버스 기사라는 직업을 버리거나, 운영하던 가게를 정리하거나, 대학 공부를 그만둔 채 한국에 온 네팔 청년 중 몇몇은 실제로 주검이 되어 고향으로 돌아갔다. 네팔 이주노동자가 한국에 오기까지 겪는 과정과 죽음의 귀환을 영화에 담은 바즈라 감독 자신도 네팔 출신의 이주노동자였으며 강제 추방되고 입국이 금지되었다.

　영화에는 공항에서 양복 차림에 빨간 모자를 맞춰

쓴 이주노동자들이 본인뿐 아니라 가족들의 기대감에 흥분한 모습이 담긴 장면이 나온다. 누가 알았을까? 자신들이 맞닥뜨릴 노동강도와 열악한 기숙사, 입에 맞지 않는 음식, 폭언, 폭행, 지급되지 않을 보호 장비와 가동되지 않을 안전장치를 말이다. 누가 열악한 곳으로 배치되고, 누가 그나마 괜찮은 곳으로 보내질지 알 수도 없다. 스스로 선택할 수 없는 일터의 조건은 말 그대로 복불복이다.

이 죽음은 누구 탓일까? 이주노동자를 사업주 허락 없이는 일터를 바꿀 수 없는 종속된 신분으로 만든 제도, 부실한 산업 안전 관리, 사고 후 행정 조치 미흡 등의 문제가 죽음을 불러온다. 이 죽음은 감당할 수 없는, 죽을 만큼 일해야만 하는 상황으로 사람을 내몬 결과다. 스리랑카 출신 이주노동자가 열여덟 시간에 이르는 장시간 노동 중 압축기에 끼여 사망한 사건이 이를 말해 준다." 이주노동자가 직면한 열악한 노동조건이 불러온 사회적 타살이라고 말이다.

전 세계를 공포로 몰아넣은 코로나19 바이러스가 지난 3
년 동안 우리의 일상을 침범하고, 중단시키고, 더디게 만
들었다. 언제 어디서 누구로부터 감염될지 모르니 모두
가 몸을 사리고 서로를 경계하며 조심하는 지경에 이르
렀다. 조심성을 방기한 개인은 여지없이 비난의 대상이
되었다. 사람들은 예민해지고 감시자가 되었으며 약자를
향한 분풀이를 자행하기도 했다. 북미나 유럽의 아시아
인들은 코로나19 전파자라는 낙인이 찍혀 인종차별의 대
상이 되기도 했다. 흔히 인종차별이 흑인에게 일어난다
고 생각하는데, 흑인에게 무차별 구타를 당한 사람은 바
로 한국인 여성이었다.

　　정작 한국 상황은 어땠을까? 팬데믹 초기에 일터와
학교와 공공 기관에서 이주민들은 마스크 배급, 재난지
원금 배분과 백신 접종에서 배제되었다. 그 반면 바이러

스 검사는 강제되었다. 중앙정부든 지방정부든 한국 국민임을 증명하는 주민등록번호가 없는 사람은 정책적 고려의 대상으로 삼지 않았다.

***

코로나19가 우한에서 시작되었다는 소식이 전해지자 중국에서 온 이주민에게 경계와 의심의 시선이 쏠렸다. 중국 출신이라는 것이 낙인처럼 작동했다. 그러자 중국 동포들은 스스로 금족령을 내렸다. 안산 외국인주민지원본부 앞 광장은 작은 무대와 의자가 있어서 중국 출신 중·장년 남성들이 소일 삼아 마작이나 장기를 두러 많이 찾던 곳인데, 감염병 유행으로 이 광장을 찾는 사람이 없어졌는데도 출입을 막는 노란 줄이 쳐졌다. 중국 동포 출신 결혼 이주 여성들에 따르면, 이들은 스스로 외국에서 친척이 오는 것을 막았을 뿐만 아니라 아예 외출을 삼갔다.

반월공단이나 시화공단에서 일하는 이주노동자들은 회사로부터 공장 밖에 나가지 말라는 경고를 받았다고 한다. "네가 나갔다가 감염되어서 공장이 마비되면 책임질 거냐?" 사업주나 관리 책임자가 이주노동자를 위협한 말이다. 다문화거리로 불리고 이주민이 전체 인구의 80퍼센트나 되는 원곡동은 그야말로 적막해졌다. 여러 나라의 전통 식품을 파는 상점과 식당 들이 일제히 타격을 입었다. 그나마 식품점은 배달을 통해 그럭저럭 유지되었다. 하지만 나이지리아, 네팔, 러시아, 방글라데시, 베트남, 인도, 인도네시아, 우즈베키스탄, 중국, 캄보디아, 타이, 파키스탄, 필리핀 등에서 온 이주민들이 운영하는 식당은 주말마다 북적이던 손님들이 사라지고 줄줄이 매출 하락을 겪을 수밖에 없었다. 일부 이주민들은 국적이 없거나 손실 증명 방법을 몰라서 사업자 대상 재난지원금을 못 받았다. 노동자든 사업자든 난민이든 결혼이주민이든 유학생이든 관광객이든 국적이 없다는 이유로 재난지원금 지급 대상에서 제외되고 질병으로부터 보호받지도 못했다.

누군가를 배제해서 얻는 것은 불행하게도 바이러스 전파 위험의 증가뿐이다. 마스크만 해도 누구에게나 공평하게 배급돼야 일터, 거리, 식당, 학교에서 모두가 안전해지기 마련이다. 그런데 정책을 집행하는 사람들이 이렇게 기본적인 사실을 무시했다. 그나마 안산은 국적자만큼은 아니라도 이주민에게 재난지원금을 지급했는데, 이주민을 아예 배제한 지자체가 많았다. 형평성을 잃은 재난지원금 지급 탓에 이주민들은 박탈감과 소외감, 차별에 따른 고통을 감내할 수밖에 없었다.

사정이 이러니 시민사회단체가 움직이기 시작했다. 공동체 라디오 방송국인 성서공동체FM에서 성서공단 이주노동자들의 마스크 부족 현상을 알리고 지원을 요청하자 여기저기서 물품이 지원되었다. 한국이주여성인권센터는 기금을 마련하고 재난지원금 지급에서 제외된 이주민들을 지원했다. 이주민 관련 단체들은 지원이 필요한 사람들의 명단과 계좌 번호를 보냈고, 이주민방송에서 일하던 이집트 출신 난민 두 명과 중국 출신 활동가 한 명이 지원받았다. 캄보디아 출신 농업 이주노동자들의 상담을 많이 진행하는 지구인의정류장에도 마스크와 소독제가 전달되었다. 전국의 이주 인권 관련 단체들은 이런 식으로 국가나 지자체 복지의 사각지대를 살폈다.

어떤 교사는 학교를 통한 지원에서 미등록 이주 아동이 제외된다는 사실을 안타까워하다 이 문제를 공론화해 국가인권위원회에 진정했고, 재난 대응 지원상 차별을 없애라는 권고가 내려졌다. 모든 아동이 예외 없이 누려야 할 권리를 명시한 유엔 아동권리협약에 가입하고도 한국의 교육부가 자국민 우선 정책을 펴며 학교에서 아동 차별을 저지른 것이다.

백신이 보급된 뒤에도 이주노동자에 대한 차별이 이어졌다. 접종 예약 순서에서 이주노동자를 뒤로 배치한 것이다. 지역 특성과 방역 상황을 감안해 지자체가 접종 대상자를 자율적으로 선정하라는 정부의 지침이 내려졌는데, 화성시가 2021년 7월 자치단체 내 외국인 고용사업장에 보낸 공문에서 '재외동포비자(F-4), 불법체류자 등 고용 허가되어 있지 않은 외국인'을 예방접종 제외 대상자로 명시하면서 논란이 일기도 했다.

누구나 알듯이 코로나19 바이러스가 등록, 미등록을 따져 가며 전파되지는 않는다. 이런 상황에서 가장 좋은 예방은 모두가 백신을 접종하고 바이러스로부터 몸을 보호하는 것이다. 그럼에도 국민과 외국인, 합법과 불법을 따진 정부와 지자체는 우리 모두의 안전이 오히려 위협받는 상황을 심화했다. 시민사회단체의 항의가 이어지고 나서야 미등록 이주민도 백신 접종을 할 수 있다는 지침이 마련되었다.

***

2021년 7월 마지막 토요일 아침, 안산 지구인의정류장에서 하남으로 출발했다. 그곳 콩나물 공장에서 일하는 캄보디아 농업 이주노동자 일곱 명에게 폭염과 코로나19 대비 물품을 전달하기 위해서였다. 도착해 보니 코로나19 유행 상황이 심각해져서 수도권이 비상이라는 소식을 접한 이주노동자들이 우리가 안 올 거라고 생각해서 밀린 아침잠에 빠져 있었다. 우리가 그들의 단잠을 깨우고 공장 앞마당에 모이게 했다. 물품 전달 행사가 필요했기 때문이다.

　재정이 풍족하지 못한 지구인의정류장은 지역의 이주노동자를 만나기 위해 유명한 재단 산하 A단체의 후원으로 물품을 마련했다. A단체는 물품 지원을 대가로 물품 전달 행사를 진행하고 고용주와 이주노동자 몇 명을 인터뷰하며 영상과 사진을 남기라는 요구를 했다. 지구인의정류장 활동가들은 물품을 전달하며 농업 이주노동자들의 노동환경과 일상에 어려움이 없는지 알아보려고 했다. 현장 방문은 실제 노동강도와 기숙사의 모습과 사장과의 관계를 살펴보고 평소 이주노동자 지원 단체에 잘 나오지 않는 노동자들의 이야기를 듣기에 좋은 기회다. 그래서 활동가들이 행사 진행에 따르는 작은 불편을 참는 것이다.

이날 우리가 방문한 공장의 고용주는 나쁜 사장이 아니었다. 우리가 진행한 행사에도 적극적으로 협조했다. 돌아올 때는 방문 일행 모두에게 콩나물이 담긴 검은 비닐봉지를 하나씩 주며 가져가라고 했다. 다만 그는 자신이 하는 말에 문제가 있다는 것을 인식하지 못하고 있었다. 이주노동자들이 집단행동을 못 하게 하려고 여러 나라 노동자를 골고루 받고 싶었는데 캄보디아 노동자만 받았다, 남녀가 같이 일하면 문란해진다 같은 말을 아무렇지도 않게 내뱉는 식이었다. 노동과 섹슈얼리티를 동시에 통제하고 싶어 하는 사업주의 생각이 솔직하게 드러났고, 이런 점에서 현장 방문이 중요하다.

이 방문 당시 반월공단과 시화공단의 감염률이 갑자기 치솟아 직장 내 감염 확산을 선제적으로 차단하기 위해 안산시와 시흥시가 관내 산업단지 내 기업체 근무자들에 대해 코로나19 진단검사를 받도록 행정명령을 내렸다. 외국인 노동자가 한 명 이상 있고, 전체 노동자가 50명 미만인 사업장이 그 대상이었다. 그런데도 A단체는 지원 실적을 보일 영상물을 남기려고 무리하게 행사를 강행했다. 그러고는 현장에서 만난 이주노동자들을 콘텐츠 제작에 동원된 사람처럼 대했다.

물론 협찬은 고맙다. 하지만 물품을 소포로 보내고 영수증과 사진과 수령자 명단 등으로 증빙하면 어떻겠냐는 제안을 거부하며 방문을 고집하고 강행해야 했는지 의문이다. 이주노동자를 선행의 대상이자 홍보의 도구로 삼았다고밖에 볼 수 없는 태도기 때문이다. 협찬 기관의 요구를 거부할 수 없는 처지였지만 활동가들도 이주노동자를 대상화했다는 데는 변명할 여지가 없다. 사실 20여 년간 활동하며 이런 상황을 수없이 겪었고, 바꾸려고 노력했지만 바꾸기가 쉽지 않았다.

　　재난은 국적이나 등록 여부를 가리지 않는다. 아무도 피할 수 없는 재난 상황에서 이주노동자를 선행의 대상이 아닌 동료로 대하기가 그렇게 어려울까?

4장

편견으로 그려지는
미디어 속 이주민

13 어서 와, 한국은 처음이지?

2006년에 〈미녀들의 수다 1〉(KBS2)로 시작된 외국인 출연 토크쇼가 〈비정상회담〉(JTBC)을 정점으로 하여 큰 인기를 끌었다. 이 덕분에 한국 곳곳에서 다양한 직업으로 살던 외국인들이 연예인 같은 인지도를 얻었고, 외국인이 등장하는 프로그램도 다양해졌다. 그중 2017년에 파일럿 프로그램으로 출발한 〈어서 와~ 한국은 처음이지?〉(MBC every1)는 토크쇼에서 한 발 더 나아가, 한국에 사는 외국인이 모국에서 가족이나 친구를 초대하고 한국 문화를 체험하게 한다.

〈어서 와~ 한국은 처음이지?〉는 한국에 초대할 사람들을 현지에서 미리 만난 뒤 인천공항으로 입국할 때부터 출국할 때까지 세세한 여행 일정을 보여 준다. 그들은 오랫동안 못 만난 가족이나 친구를 통해 한국 문화를 짧고 강렬하게 접하고 돌아간다. 방송은 그들이 한국 문화를 체험할 때 어떤 반응을 보이는지 열심히 전달하고 자막을 단다. 초대된 손님 중 몇몇은 본국으로 돌아간 뒤 한국 음식을 해 먹고 한국과 관련된 일을 시도하는 등 후일담을 남기며 한국과 관계를 이어 가고 있음을 보여 준다. 이 프로그램을 보고 나면 나도 모르게 뿌듯해진다. 우수한 한국어, 맛있는 김치, 멋이 깃든 전통문화, 발전된 IT 기술, 화려한 K-뷰티, 무엇보다 안전한 사회와 다정한 사람들……. 한국이 얼마나 대단한지에 대해 감탄하는 그들과 우리의 감격이 만나 신이 난다.

그런데 단순한 시청을 넘어서 〈어서 와~ 한국은 처음이지?〉를 살펴보면 우리가 외국인을 대하는 모습이 적나라하게 드러난다. 외국인을 통해 민족적 자긍심을 고취하는 지나친 '국뽕' 콘셉트, 출연자의 무의식적인 성차별 발언, 여성의 낮은 출연 비율과 미용 관련 체험 유도도 지적된 바 있다. 타 방송국 프로그램과 비교해 보면 문제가 더 뚜렷이 보인다.

2018년에 이주민방송이 외국인을 주인공으로 내세운 〈글로벌 아빠 찾아 삼만리〉(EBS)와 〈어서 와~ 한국은 처음이지?〉를 비교하며 모니터링을 진행했다. 〈글로벌 아빠 찾아 삼만리〉는 이주노동자의 자녀를 비롯한 가족들이 한국을 방문해서 고된 노동과 외로움에 지친 아빠를 만나 짧은 시간이나마 즐겁게 지내다가 아쉬움을 뒤로한 채 공항에서 헤어지는 모습을 담는다. 시청자들은 이주노동자의 본국에 있는 가족의 어려움에 공감하고, 한국어 몇 마디를 연습하며 아빠 만날 날을 손꼽아 기다리는 아이들 모습을 보며 흐뭇해한다. 하지만 인천공항으로 입국할 때 추운 겨울인데 샌들을 신고 온 이들을 본 한국인이 양말이라도 사서 신게 하라며 돈을 쥐여 주는 장면을 내보내는 등 다분히 작위적이고 시혜적인 연출에 눈살이 찌푸려진다.

아빠를 찾든, 친구를 찾든 짧은 여정 동안 한국을 경험한다는 기본 형식은 두 프로그램이 같다. 그런데 극명하게 대조적인 점을 곳곳에서 발견할 수 있다. 먼저 숙소, 음식, 체험 장소 등에서 한눈에 드러나는 제작비의 차이다. 길을 묻는 외국인을 대하는 한국인의 시선과 태도도 다르다. 〈어서 와~ 한국은 처음이지?〉의 출연진을 향한 친절과 정중함이 〈글로벌 아빠 찾아 삼만리〉에서는 안타까움과 시혜적인 배려로 나타난다. 또 〈어서 와~ 한국은 처음이지?〉에서는 출연진이 한국을 어떻게 평가하는지가 중요하다. 한국 문화의 우수성을 인정하고 배우려는 자세는 우리가 그들에게 인정받았다는 느낌을 준다. 하지만 이주노동자 가족에게는 그런 기대가 없다. 〈글로벌 아빠 찾아 삼만리〉에서는 성실하고 근면하게 살아온 모범 이주노동자가 아빠이자 가장으로 보이는 것이 중요하다. 그간의 성실함을 가족과 만나면서 보상받는 모습이 누가 봐도 합당해야 하기 때문이다.

여기에 이주노동자가 처한 현실이 가려져 있다. 이주노동자들은 4년 10개월 또는 9년 8개월이라는 기간 동안 한국에 있어도 가족을 초청하기가 쉽지 않다. 법무부가 판단하기에 '불법체류' 가능성이 높은 아시아 출신이기 때문이다. 돌아갈 때까지 책임진다는 방송국과 회사의 보증 없이는 가족이 한국을 방문하는 내용으로 프로그램을 만드는 것 자체가 불가능하다.

***

한국에 정착하거나 장기 체류할 수 있는 외국인들은 TV 프로그램을 통해 자기 삶의 다양한 면을 보이며 능숙한 한국어와 한국 문화에 대한 지식으로 우리를 놀라게 한다. 일례로 외국인 열 명과 한국 스타 다섯 명의 퀴즈 대결을 보여 주는 〈대한외국인〉(MBC every1)은 한국에서 3

년 이상 산 외국인이 출연하는데, 이들은 함께 출연하는 한국 연예인이나 유명인보다 한국 문화와 언어를 잘 아는 것 같다. 한국 청소년도 잘 쓰지 않는 사자성어를 척척 맞히는가 하면, 힌트를 몇 번 듣지 않고도 낱말 퍼즐을 풀어낸다. 이런 퀴즈식 프로그램은 한국어 구사 능력으로 외국인 출연자들을 줄 세우며 최고의 자리를 두고 기대감과 경쟁심을 부추긴다. 그리고 한국 사회와 문화를 한국인보다 더 잘 아는 외국인에 대한 감탄을 불러일으킨다.

하지만 프로그램 제목에 드러나듯 '한국인보다 더 한국인 같지만 결국은 외국인'이라는 전제가 깔려 있다. 단일민족이라는 개념이 이미 교과서에서 삭제되었는데도 한국에 사는 사람들을 여전히 혈통적으로 구분하는 것이다. 한국 문화를 잘 알거나 배우고 싶어 하는 외국인을 보고 우리 문화가 우수하다는 자기만족에 빠지는 한편 아무리 한국 문화에 잘 적응하고 동화해도 너는 여전히 외국인이라고 규정하면서 말이다.

〈대한외국인〉에 참여하는 외국인 중 이주노동자는 없다. 이들의 일상은 한국어와 한국 문화를 충분히 알 만한 기회와 시간 대신 휴일 없는 장시간 노동으로 채워지기 때문이다. 이들은 고용계약이 끝나면 돌아가야 한다. 감염병 유행으로 외국인의 한국 방문이 어려워지자 한동 안 〈어서 와~ 한국은 처음이지?〉가 다양한 국적의 장기 체류자들이 국내에서 일상을 어떻게 보내는지 관찰하는 형식으로 바뀌었다. 그러나 장기 체류 이주노동자는 출 연하지 않았다.

　　한국에 오는 외국인들은 동일한 대우를 받지 못하고 법무부에서 분류한 체류 자격에 따라 활동의 제약을 받 는다. 〈대한외국인〉 출연진은 대개 프로 운동선수, 대사 관 직원, 외국 투자 기업 직원, 유학생 등이다. 이들은 법 무부의 출입국·외국인정책본부 누리집에 있는 체류 자 격 분류표에서 '우수 인재'에 해당할 것이다. '우수 인재' 란 한국에 투자하거나 기여할 것이 있는 엘리트 외국인 을 가리킨다. 단순노동을 하는 '외국인 근로자'로 분류되 는 이주노동자는 여기 해당하지 않는다. 그럼 이주노동 자의 노동은 한국 사회에 기여하는 바가 없다는 말인가? 이들의 노동이 너무 단순해서 산업 발전에 기여하지 않 는다면, 왜 굳이 고용허가제라는 것을 만들어서 한국으 로 유입시킬까?

외국인이 등장하는 프로그램 중 〈특파원 25시〉(JTBC)는 새로운 형식을 보여 준다. 〈비정상회담〉의 진행자와 출연진이 주축이 되어 해외에 거주하는 한국인들이 전하는 소식을 중심으로 이야기를 나눈다. 코로나19 때문에 해외여행이 쉽지 않던 때 시작한 이 프로그램은, 세계 곳곳의 근황을 현장감 있게 보여 주는 구성으로 시청자의 여행 욕구를 채워 주고 나라별 특파원이 돌아가며 출연해 직접 찍은 영상을 함께 보며 이야기하는 점이 신선하다.

그런데 〈비정상회담〉으로 알려진 외국인들이 고정적으로 출연하는 데서 제작진의 안이함이 보인다. 익숙한 외국인이 각 나라의 전문가인 양 논평하지만 기시감이 들고 우려먹기라는 느낌을 준다. 인기 있는 외국인 중 아이가 있는 기혼자는 '글로벌 육아 반상회'를 표방한 〈물 건너온 아빠들〉(MBC)에 다시 등장한다. 〈슈퍼맨이 돌아왔다〉의 외국인 아빠 편인 셈이다. 그리고 이 출연자들이 국제결혼으로 이룬 가정은 흔히 말하는 '다문화' 가정이 아닌 '글로벌' 패밀리다. 학력이나 경제력 또는 사회적 지위가 고려된 것이다. 결국 엘리트 집단의 국제결혼 가정이어야 육아 좀 논하는 프로그램에 출연할 수 있다는 뜻인가?

〈물 건너온 아빠들〉에서 외국인 아빠들은 자신의 모국어 교육과 육아 고충에 대해 이야기하고, 진행자를 비롯해 다른 패널들이 그 양육 방식을 존중하는 모습이다. 아시아 출신 결혼 이주 여성들이 끊임없이 한국어 교육을 강요받고 자녀가 학습 부진이라도 겪을라치면 비난받는 것과 참 대조적이다. 여기에 한국 사회의 모순이 단적으로 드러난다. 여전히 양육의 책임을 여성에게만 지운 상태에서, 국제결혼을 한 한국인 남성은 양육의 책임에서 자유롭게 하는 한편, 외국인 남성의 양육은 자연스럽고 존중할 만하며 배워야 할 태도로까지 보는 듯하기 때문이다. 이것은 자녀를 한국 아이처럼 키우라고 강요받는 아시아 출신 결혼 이주 여성에게 한국 사회가 기대하는 것과 너무 다르지 않은가?

14 영화 속 조선족은 범죄자?

1997년 국제통화기금(IMF) 구제금융 사태가 터지기 전에 남편과 서울 가리봉동(현재 금천구 가산동)에서 작은 가게를 운영했다. 한국에 막 들어오기 시작한 이주노동자들의 나라에서 식품을 수입해 팔았는데, 그중 중국 동포들이 즐겨 마시던 '컵술'도 있었다. 작은 컵에 담겨 저렴한이 술로 하루의 피로를 씻기에 좋았는지, 중국에서 왔다는 머리가 희끗한 중년 남자는 매일 한 잔씩 마셨다. 어느 날 이미 거나하게 취한 그가 와서 말했다. "내가 중국에 살 때는 조선족이라는 자부심으로 아이들을 가르치면서 민족 교육을 했지. 한민족을 자랑스럽게 생각했어. 중국 사람들이 우리를 조선족이라고 불러도 이렇게 불행한 느낌은 없었어. 그런데 내가 왜 대한민국에 와서 외국인 취급을 받아야 해?" 교육자였던 그는 한국에서 이주노동자로 천대받는 것보다 외국인 취급받는 것이 더 속상하고 억울하다고 했다. 그런 무시가 고통스러워서 늘 술을 들이켜야 버틸 수 있다고…….

그때만 해도 중국 식품 파는 곳이 드물었기 때문인지 우리 가게에 오는 중국 동포들이 많았는데, 이들이 임금을 갈취당하거나 사기당하는 일이 잦았다. 이렇게 외국인이자 피해자였던 이들이 어느 순간 위험한 사람으로 불리며 경계의 대상이 되었다. 2012년 수원에서 일어난 '오원춘 사건' 때문이다. 조선족 오원춘이 퇴근하는 여성을 납치 살해한 뒤 시체를 훼손하기까지 했는데, 너무 잔혹한 범죄라 그 동기에 대한 의혹이 커지면서 조선족을 인육 먹는 사람들로 몰아가는 '가짜 뉴스'들이 SNS를 통해 양산되었다. 그러다 급기야 조선족 전체를 장기 매매를 일삼는 범죄 조직으로 규정하며 이들이 언제든 납치와 감금을 통해 신체를 훼손하고 팔아넘길 수 있다는 인식이 퍼지기 시작했다.

어릴 때 밤늦게까지 놀다 들어가면 아버지가 꾸중하시던 말이 떠오른다. "너, 이렇게 늦게까지 돌아다니면 문둥병 걸린 넝마주이 아저씨가 잡아 가서 팔아 버린다." 한센병 환자에 대한 낙인을 부추기는 말이자 폐품을 수거하는 넝마주이를 범죄자로 보는 편견이 담긴 말이다.

그러고 보면 중국 동포와 한센인에 대한 한국 사회의 인식은 상통하는 점이 있다. 힘없는 사회적 소수자를 경계 대상으로 만들고, 정상과 비정상을 갈라 정상이라는 기준에 부합하지 않으면 밀어내는 다수의 횡포. 이런 편견이 결국 혐오와 차별이 되어 존재를 부정하는 단계에까지 이르는 게 아닐까?

***

몇 해 전 영화 한 편이 중국 동포 사회를 뜨겁게 달궜다. '무비락'이라는 제작사의 〈청년 경찰〉(김주환 감독, 2017)이다. 박서준, 강하늘 같은 유명 배우들이 출연했고 관객이 500만 명을 넘은 흥행 영화니 좋게 기억하는 사람들이 많을 것이다. 하지만 중국 동포들에게는 소송을 불사하게 한 악몽 같은 영화다.

경찰대생 기준(박서준 분)과 희열(강하늘 분)이 외출했다가 우연히 납치 사건을 목격하는 데서 영화가 시작된다. 불법적으로 난자를 적출하려는 일당에게 여성이 납치되는데, 그 범죄자들이 조선족이다. 다시 말해, 경찰대 다니는 한국 청년들을 영웅으로 만드는 이야기에서 가해자이자 끔찍한 범죄자가 조선족이다. 무엇보다 주인공들이 납치된 여성을 구하려고 찾아가는 곳이 명확하게 '대림동'으로 불리면서 문제의 장면이 나온다. 택시를 탄 이들에게 기사가 말한다. "여기 조선족들만 사는데 여권 없는 중국인도 많아서 밤에 칼부림이 자주 나요. 경찰도 잘 안 들어와요. 웬만하면 밤에 다니지 마세요!"

대림동은 구로공단 노동자들이 거주하던 오래된 다 가구주택의 월세가 저렴했기 때문에 중국 출신 이주민들 이 많이 모여 살게 되었다. 그래서 상권이 발달하고, 중 국 식품과 문화를 자연스럽게 접할 수 있는 차이나타운 이 형성되었다. 진짜 중국의 맛을 찾아 양꼬치나 마라탕 같은 음식을 먹으러 방문하는 사람도 많다. 그런데 영화 는 대림동을 경찰도 꺼릴 만큼 무서운 곳으로 만들고, 미 등록 이주민인 조선족을 공포의 대상으로 인식시켰다. 게다가 납치와 장기 매매를 다루면서 조선족에 대한 가 짜 뉴스나 편견에 찬 헛소문이 마치 실제인 듯 보여 준 다. 이렇게 조선족을 범죄자로 묘사하는 것은 〈차이나타 운〉(한준희 감독, 2015)이나 〈범죄도시〉(강윤성 감독, 2017) 도 마찬가지다.

결국 2017년 말, 중국 동포들과 이주민센터 '친구'가 영화사를 상대로 "표현의 자유 한계를 넘어선 인종차별적 혐오 표현물이기에 정신적 손해배상을 하라"는 손해 배상 청구 소송을 냈다. 1심 재판부는 "영화 내용이 가상의 시나리오에 기초했으며 악의적인 의도로 제작했다는 증거가 없다"며 원고 패소 판결을 내렸으나, 항소심에서 '화해권고결정'이 내려졌다. 재판부는 "본의 아니게 조선족 동포에 대한 부정적 묘사로 인해 불편함과 소외감 등을 느꼈을 [소송 당사자들에게] 사과의 뜻을" 전하고, "앞으로 영화를 제작하면서 관객들로 하여금 특정 집단에 대한 편견이나 반감을 일으킬 소지가 있는 혐오 표현은 없는지 여부를 충분히 검토할 것을 약속하라"며 "제작사는 본의가 아니었다고 해도 사과 의사를 전할 필요가 있어 보인다"고 판결했다.[2] 법원이 '조선족 혐오'에 대해 처음으로 법적 책임을 물은 것이다.

***

화해권고 이후 3년, 한국에서 영화 만드는 사람들의 태도가 달라졌을까?

2022년 5월에 개봉한 〈범죄도시 2〉(이상용 감독)에서 한국 경찰은 범죄 조직을 소탕하려고 베트남으로 갔다. 또 넷플릭스 드라마 〈수리남〉(윤종빈 연출, 2022)에서는 제목대로 남미까지 간다. 영화나 드라마에서 펼쳐지는 이야기는 실제가 아니지만, 관객의 뇌리에 남아 특정 대상에 대한 관점에 영향을 주고 편견을 만들어 낸다.

〈수리남〉에서 주인공 강인구(하정우 분)가 실재하는 나라인 수리남을 설명하는 대목이 문제가 되었다. "수리남이라는 나라를 아는가. 아마 생소할 것이다. 남아메리카 대륙 브라질 위에 위치한 인구 50만의 조그만 나라. 국토의 절반이 밀림이고, 전 국민의 절반 이상이 마약 산업에 관련되어 있는 다인종·다언어 국가." 실화를 바탕으로 만들었다는 점에서 드라마는 현실감을 얻지만, 수리남에는 국토의 절반이 밀림인 저개발국 또는 원시적이고 미개한 나라 이미지가 씌워진다. 또 많은 국민이 마약 산업에 연루된 것은 단일민족이 가진 통일성이나 질서가 없는, 다인종·다언어 국가이기 때문인 양 묘사된다. 결국 수리남은 우리에게 '무질서'와 '미개'와 '마약 범죄'로 각인된다. 수리남이라는 나라가 있는지도 모르던 시청자가 첫 장면에서부터 고정관념을 갖게 되고 낙인 효과가 생긴다. 정작 그곳에서 마약 산업의 패권을 쥔 자는 목사로 가장한 한국인인데도 말이다.

이제 한국 영화에서 범죄자는 중국 동포나 외국인이

고 한국인은 이들을 소탕하는 영웅이 된다. 기시감이 든다. 그동안 숱하게 본 할리우드 영화에서 백인이 경찰이나 영웅으로 묘사된 반면, 흑인은 마약 범죄에 연루되고 사기꾼 아니면 폭력범으로 그려진 것과 겹쳐진다. 이런 인종차별적 시선 탓에 할리우드는 오랫동안 비판받았다. 중국 동포, 아시아인 그리고 한국보다 경제력이 약한 나라 사람들을 범죄자로 만드는 한국 영화는 그간 뭘 배웠나?

현재 한국에는 타지에서 한민족이라는 정체성을 유지하면서 경계인으로 살던 동포들이 많이 들어와 살고 있다. 하지만 사회적 낙인과 고정관념 탓에 한국 사회는 이들을 공동체의 일원으로 인정하기를 거부하고 있다. 영화나 드라마는 결국 이런 세태를 반영한 것이 아닌가?

『영화 사전』을 쓴 수잔 헤이워드에 따르면, "영화는 의미를 매개하며 등장인물들도 의미를 매개한다. (……) 따라서 영화는 매개라는 행위 속에서 이데올로기적인 기능을 한다. 그리고 등장인물들도 그런 기능을 한다".[3] 영화가 그저 영화로 끝나지 않는다는 말이다. 기획 의도가 무엇이든 배경과 대사와 등장인물이 이데올로기로 기능함으로써 영화를 보는 이에게 특정한 메시지를 준다. 이

메시지가 관객에게 편견과 고정관념, 왜곡된 이미지를 심고 낙인을 만들 수 있다. 영화적 재현의 문제가 중요한 이유다.

15 유튜브에서 방치하는 차별적 콘텐츠

라디오가 그랬듯 텔레비전이 미디어를 대표하는 시대는 지나간 모양이다. 거대 지상파 방송국이 지배하던 텔레비전 채널에 종합편성채널이 더해지고 통신사들이 케이블TV나 IPTV 등을 운영하면서 다채널 시대가 열리자 시청률 경쟁이 한층 더 치열해졌다. 그리고 유튜브나 팟캐스트, 스마트폰 애플리케이션으로 라디오도 '볼 수 있는' 시대에 가장 강력하게 떠오른 매체가 유튜브다. 유튜브로 업로드된 콘텐츠는 국경을 넘어 전 세계에 퍼져 나가고, 조회 수가 늘어나면 수익까지 생긴다.

　다양한 언어로 자막을 바꿀 수 있어서 언어의 제약도 뛰어넘는 유튜브의 세계에서 미디어 자본만이 아닌 모든 사람이 생산 주체로 활동하며 거대한 콘텐츠 시장에 뛰어들 수 있게 되었다. 크리에이터로 불리는 이들은 콘텐츠 진흥 명목으로 책정된 정부 예산까지 지원받을 수 있다. 누구나 뉴스를 생산하는 시대가 되면서 정부, 정치인, 기업의 손에 있던 마이크를 노동자, 학생, 노인, 여성, 이주민, 장애인, 성소수자가 쥘 수 있게 되었다. 미디어에 대한 대중의 참여를 주장하는 퍼블릭 액세스 관점에서 미디어 시민권이 확장되었다고 볼 만하다.

그러나 누구나 콘텐츠를 만들어 유통한다는 유튜브의 장점이 늘 긍정적인 결과를 만들지는 않는다. 유튜브 콘텐츠를 만드는 사람들이 구독자와 조회 수를 늘리려고 자극적인 말과 선정적인 영상으로 대중을 끌어들이기 때문이다. 초상권 침해가 빈번하고, 출처를 알 수 없는 영상을 짜깁기해 업로드하는 문제도 생긴다. 이런 콘텐츠 중에는 의도했건 의도하지 않았건 차별과 혐오를 부추기는 것들이 많다. 그리고 한번 업로드된 콘텐츠는 '박제'되어 특정 집단에 대한 편견과 고정관념, 차별적 인식을 끈질기게 유포하기도 한다.

***

국제결혼 가정이 이렇게 많았나 싶을 정도로 유튜브에서 이들의 일상을 어렵지 않게 볼 수 있는데, 그중 국제결혼과 혼혈에 대한 부정적 인식이 사라졌다고 착각하게 만드는 콘텐츠가 많다. 한국인 여성과 결혼한 영국 남자가 한국 음식 문화를 영국인에게 소개하는 것으로 유명한 《영국 남자》라는 채널은 2023년 7월 현재 구독자가 570만 명이고 조회 수가 2900만 이상인 콘텐츠도 있다. 영상 제작진까지 갖춘 이 채널은 광고 수익이 적지 않아 보이는데, 영국 고등학생의 한국 수학여행 편은 경비 협찬을 알 수 있는 장면들이 많다. 토스트, 떡볶이, 치킨 등 프랜차이즈 업체 음식이 매회 보였으니 말이다. '먹방'으로 대중의 사랑을 받는 《영국 남자》는 한국 음식을 맛본 영국 사람들의 반응을 보여 주는 채널이라서 주요 구독자가 한국인이다. 한국 사람들에게 자긍심을 준다는 면에서 '국뽕' 콘텐츠다.

필리핀 여성과 국제결혼한 한국 남성의 일상을 보여 주는 채널 《피나이티비》는 사생활 영역인 집 내부와 일상, 필리핀 생활과 한국 방문기 등을 보여 주며 30만 명이 넘는 구독자의 사랑을 받아 조회 수 100만 이상의 콘텐츠가 여럿이다. 한국인 구독자 중에는 택배로 아이들에게 선물을 보내는 이들도 있어서, 가끔 선물 상자를 뜯어보며 구독자들에게 고마움을 전한다. 이와 비슷하게 《벨라하우스》 채널은 베트남에서 한국 남편과 베트남 아

내가 사는 모습을 보여 준다. 구독자는 11만 명이 넘고, 둘째 출산 소식이 담긴 콘텐츠는 조회 수 180만을 넘겼다. 국제결혼 부부가 사는 모습을 보여 주면서 연예인 채널과 비교해도 뒤지지 않는 100만 이상의 조회 수를 기록한다는 것 자체가 놀랍다.

하지만 스트리밍 플랫폼에 국제결혼의 긍정적인 면을 보여 주는 콘텐츠만 있지는 않다. 카카오TV의 〈여자 꼬시기 쉬운 나라 BEST 6〉, 〈한국 남자들이 인기 있는 나라 BEST 7〉과 유튜브의 〈베트남 여성과 사귈 때 좋았던 점, 다 주는 베트남 여자들〉, 〈우크라이나 현지 소개소를 통해 맞선 본 생생한 경험담, 기대 이상의 미모〉처럼 왜곡된 성 인식과 특정 국가에 대한 비하가 드러나는 제목을 단 콘텐츠가 버젓이 유통되고 있다.

또한 국제결혼 중개업자들이 높은 결혼 성공률을 홍보하려고 유튜브에 국제결혼 당사자로 보이는 사람들의 영상을 올리면서 외국인 여성들을 전시하듯 화면에 노출시킨다. 〈노총각을 살려 준 작은 예쁜 소녀 3편, 베트남 여성 신부〉(JJ특별한국제결혼), 〈베트남 국제결혼 신부님 입국 막내딸 같은 신부 모습 공개〉(아리랑국제결혼) 같은 영상은 나이 많은 남성과 '예쁜 소녀', '막내딸 같은' 여성의 결혼을 소개하며 한국 남성의 어린 여성에 대한 욕망을 노골적으로 드러낸다.

이렇게 한국 남성의 우월감을 강조하거나 다른 나라 여성을 성적으로 대상화하고 인종주의적 편견을 드러내는 콘텐츠가 온라인상에서 계속 유통되며 조회 수를 늘리는 데도 이를 제재할 방법이 없다는 것은 큰 문제다. 현행법상 방송통신위원회나 방송통신심의위원회는 유튜브 영상을 심의하고 규제할 권한이 없다. 또 플랫폼들은 음악 저작권을 침해하는 콘텐츠에는 즉각적으로 대응해 영상 재생을 중지시키지만, 차별 문제가 있는 콘텐츠에는 미온적으로 대응한다. 차별을 부추기는 콘텐츠는 사용자의 신고를 받고 조치하겠다는 태도를 보이는데, 이는 사용자에게 책임을 전가하는 것과 같다.

***

디지털 콘텐츠가 제대로 된 검증 없이 유통되는 우려스러운 상황에서 2019년에 민주언론시민연합의 제안으로 '다문화 대중매체(언론) 미디어 모니터링'에 참여해 유튜브를 본격적으로 살펴본 적이 있다. 모니터링 후, 유튜브 콘텐츠 정책에 대한 이의를 공식적으로 제기했고, 적어도 브이로그 등을 가장해 국제결혼을 광고하던 중개업체들은 제재할 수 있게 되었다. 이들의 유튜브 및 SNS 영상이 광고에 해당하므로 '광고법'으로 규제가 가능했기 때문이다. 방송광고심의에 관한 규정 제13조(차별금지)에 따르면 "방송광고는 국가, 인종, 성, 연령, 직업, 종교, 신념, 장애, 계층, 지역 등을 이유로 차별·편견·갈등을 조장하는 표현을 하여서는 아니 된다". 여성가족부가 관리, 감독하는 결혼중개업법도 제12조에서 "결혼중개업자는 거짓·과장되거나 국가·인종·성별·연령·직업 등을 이유로 차별하거나 편견을 조장할 우려가 있는 내용 또는 인신매매나 인권 침해의 우려가 있는 내용의 표시·광고를 하여서는 아니"되며, "이를 위반할 경우 업체 등록 취소, 1년 이내 영업정지나 3년 이하 징역 또는 3000만 원 이하의 벌금에 처해"질 수 있다고 명시한다.

여성가족부는 민언련의 모니터링이 있기 전인 2018년부터 국제결혼 중개업체의 인권 침해성 온라인 영상광고를 점검하고 이들의 확산 및 온라인 게재를 차단해 왔다고 한다. 하지만 2023년인 지금까지도 불법 영상광고가 유튜브에 버젓이 유통된다. 결혼중개업 법상으로 성차별적인 내용을 정의하는 구체적인 기준이 부족하고,

이에 따른 처벌 역시 애매하기 때문이라는 이야기가 있다. 해외에 채널을 개설한 유튜브의 경우, 폐쇄 조치를 하기 어려운 점도 있다. 무엇보다 사회적 인식이 바뀌지 않으면 이런 영상이 퍼지는 것을 막기 어렵다. 더 늦기 전에 방송법과 방송심의규정을 플랫폼 특성에 맞게 정비할 방법에 대해 논의해야 한다고 본다.

클로드 장 베르트랑은 『다매체 시대 미디어 윤리의 실천』에서 "미디어 가치는 보편적인 가치들, 즉 증오와 폭력의 거부, 인류에 대한 경멸(파시즘)이나 특정 인종에 대한 경멸(인종차별주의)의 거부 등과 같은 것들을 기초로 구성된다"[5]고 했다. 여기에 특정 성에 대한 경멸의 거부도 더해야 할 것이다.

시민교육 차원에서 다양한 매체에 대한 올바른 이해에 기초해 매체를 자율적으로 이용할 수 있도록 돕는 미디어 리터러시 교육도 필요하다. 그러나 이런 교육이 모든 시민에게 꼭 필요하다는 인식이 부족한 상황이다. 이제 특정 전문가 집단이 미디어를 독점하던 시대에서 벗어나 누구나 미디어 콘텐츠를 만들 수 있다. 따라서 미디어의 가치를 이해하고 윤리적으로 이용할 책임도 우리 모두에게 있다.

아시아 곳곳에서 온 이주노동자는 고향에 있는 가족의 희망이다. 어려운 집안을 일으키려고, 가족이 편하게 살 집 한 채를 마련하려고, 아이들 교육비 걱정 없이 키우려고 온 이들은 한 집안의 아버지나 어머니, 든든한 맏딸, 가족 중 유일한 젊은이, 누구보다 똑똑한 둘째 딸일지 모른다. 4년 10개월이라는 긴 시간을 보내기 위해 한국 땅을 밟은 이들이 종일 기계 앞에서 씨름하다 어느 밤 기숙사로 돌아가는 길에 갑자기 가족이 보고 싶어 눈시울이 붉어지거나, 헛헛한 마음을 달래려고 술 한잔을 기울일지도 모를 일이다. 그런 날들 가운데 하루가 아니었을까, 고속도로 공사 현장에 떨어진 풍등에 소원을 실어 하늘로 보내고 싶어진 때도.

2018년 10월 초 고양시 저유소에 화재가 발생한다. 하늘 높이 날아가야 할 풍등이 땅에 떨어진 것이다. 그것도 기름이 저장된 저유소 근처에. 소원은 어찌 되었는지 알 길이 없고, 풍등이 저유소와 가까운 건초 더미에 떨어져 불을 낸다. 그리고 유증기를 통해 저유 탱크 내부로 옮겨붙는다. 매캐한 냄새를 풍기며 기름이 탄다. 무서운 기세로 타오르는 화마가 동네를 훤하게 비춘다. 진화가 늦어지자 화재가 온 나라에 보도된다. 누구 탓인지 찾기 위해 혈안이 된 사람들이 CCTV 영상에서 피의자를 발견한다. 스리랑카에서 온 이주노동자다.

그에 대한 긴급체포 소식이 이어졌다. 경찰이 그를 포토라인에 세워 얼굴을 노출하고 이름과 국적, 나이도 그대로 공표했다. 풍등이 곧바로 저유 탱크에 떨어지지는 않았고, 원래 저유 탱크는 불이 나도 폭발하지 않도록 설계되어야 한다는 점에서 저유소의 관리 부실이 문제라는 지적이 있었다. 하지만 경찰은 시설 관계자들을 조사하기보다 화재의 원인 제공자를 지목하는 데 급급해 보였고, CCTV에 등장한 사람을 곧바로 앞장세웠다.

중대한 사건이 발생했으니 사고 책임자를 찾아 그 신원을 밝히는 것이 공익에 부합한다고 보는 사람은 당시 경찰 발표와 언론보도를 대수롭지 않게 여겼을지 모르겠다. 하지만 경찰과 언론의 태도에 분명히 문제가 있었다. 방송심의에 관한 규정 제21조는 부당한 인권침해를 제한하며 사회적으로 소외받는 사람들을 다룰 때는 특히 인권이 최대한 보호되도록 신중을 기해야 한다고 했다. 특히 제22조는 인적 사항 공개에 신중을 기하라고 하며 제23조에서는 법원의 확정판결이 있기까지는 범인으로 단정하는 표현을 하면 안 된다고 명시했다.[6] 그런데 저유소 화재 관련 CCTV 화면과 풍등을 날린 이주노동자의 신원이 낱낱이 밝혀진 때는 법원이 어떤 판결도 내리기 전이었다. 사람들의 관심을 돌리는 데 급급했던 자들은 누구일까? 이주노동자를 언론에 먹잇감으로 던져 주어 책임을 회피하고자 한 자들이 아니었을까?

***

코로나19 유행으로 많은 사람들이 어려움을 겪었다. 특히 이주노동자들은 일터에 갇혀 밖에 나올 수 없었다. 휴일에 외출했다가 감염되면 공장 문을 닫아야 한다며 유독 이주노동자의 외출을 금지했기 때문이다. 이런 공장 사업주들이 한국인의 이동은 제한하지 않았는데, 한국인 노동자가 감염으로부터 안전하다고 여길 만한 근거는 모호했다.

한편 2020년 이태원의 한 클럽에서 집단감염이 발생했다는 보도가 있었다. 더구나 이 클럽에 있던 베트남 이주노동자가 부천의 클럽에도 갔기 때문에 우려가 크다는 내용이었다. 기사는 베트남 국적의 A가 코로나 검사 결과 확진 판정을 받았지만 불법체류자여서 강제 출국을 두려워해 휴대전화를 끄고 잠적했다고 했다.[7] 감염병을 매개할 수 있는 사람이 베트남 출신 이주노동자인 데다 불법체류자라고 밝힌 언론보도에 문제가 없을까? 이런 보도가 공장 기숙사에 이주노동자를 가둔 인권침해를 정당화해 주지는 않았을까?

낙인이 집단 전체에 영향을 미치지만, 개인에게 더 치명적일 수 있다. 이주노동자들의 모임 뒤에 집단감염이 일어났다는 보도가 특정 국가를 명시하는 순간 그 국가 출신 이주민을 안 좋게 보거나 멀리하는 현상이 따른다. 특정 국가 출신 이주민이 범죄 사건에 연루되었다는 보도가 있으면 그 국가 사람들을 잠재적 범죄자로 여기거나 일터에서 쫓아내는 일이 실제로 벌어진다.

정부가 테러방지법 제정을 위해 여론을 만들던 2015년에는 인도네시아 출신 이주노동자가 자신의 SNS에 깃발 하나를 올렸다가 시리아의 테러 조직 추종자로 지목

되기도 했다.[8] 비슷한 시기에 파리 테러 사건 용의자의 소지품에서 대구 한 공장의 사원증과 대경교통카드가 발견되었다는 보도까지 나오자 경북 왜관에서 인도네시아 출신 이주노동자들이 갑자기 해고되는 사태가 벌어졌다.[9] 어떤 사건이 일어났을 때 혐의만으로 용의자의 국적을 명시하는 언론보도는 편견과 낙인을 강화하고 누군가를 곤경에 빠뜨릴 수 있다. 더구나 특정 보수 세력이 빌미만 생기면 이주노동자의 등록 여부와 상관없이 '추방하자'는 말을 서슴없이 내뱉는 한국 같은 나라에서는 더 신중한 보도 태도가 필요하다. 언론의 잘못된 보도가 이주노동자를 향한 인종차별과 혐오나 증오를 부추길 수 있기 때문이다. 특정 국가 출신이거나 이주민이라는 이유만으로 증오의 대상이 되고 마녀사냥의 희생자가 되는 일은 없어야 한다.

***

한국인이 범죄를 저질렀다고 해서 한국인이 모두 죄책감을 가질 만한 국가적 문제로 받아들이지는 않는다. 하지만 이주민의 범죄일 경우에는 늘 국적이 공표되고, 그 순간 개인의 범죄행위보다 어느 나라 출신인지가 더 중요해진다. 이런 언론보도는 결국 특정 국가 사람에 대한 인종주의적 편견을 강화한다.

한국기자협회 누리집에 '인권보도준칙'이라는 것이 있다. 기사를 통해 사건의 진실을 알리는 일도 중요하지만 진실을 알린다는 명분으로 모든 것이 허용될 수는 없다는 원칙을 밝힌 것이다. 법률적 구속력이 있지는 않아도 언론인이 지켜야 할 가이드라인으로서 의미가 있다. 그중 제5장을 보면, "언론은 이주민에 대해 희박한 근거나 부정확한 추측으로 부정적인 이미지를 조장하거나 차별하지 않는다. 가, 체류 허가를 받지 않은 외국인에게 '범죄자'라는 부정적 이미지를 덧씌울 수 있는 용어 사용에 주의한다. 나, 이주노동자 등을 잠재적 범죄자 또는 전염병 원인 제공자 등으로 몰아갈 수 있는 표현을 사용하지 않는다."[10] 하고 이주민과 외국인 인권을 명시하고 있다. 이렇게 분명한 원칙뿐만 아니라 앞에서 본 것처럼 '불법체류자'라는 표현을 쓰지 말라는 유엔 인종차별철폐위원회의 권고가 있는데도 한국 언론은 군이, 아직도, '불법체류자'라는 표현을 쓴다. 잠재적 범죄자나 전염병 원인 제공자로 몰아갈 수 있는 표현을 쓰지 않는다고 명시했지만, 코로나19 사태를 겪는 동안 언론보도는 어땠는가?

언론의 사회적 영향력이 막대하다는 것은 더 말할 필요도 없다. 언론은 여론을 형성하고 담론 생성에 기여하며 사람들의 인식에 영향을 미친다. 그래서 언론에서 쓰는 단어 하나, 문장 한 줄이 중요할 수밖에 없다. 인종차별을 강화하는 편향된 보도를 피하려면 언론 스스로 만든 원칙부터 되새겨 봐야 할 것이다.

5장

차별의 공간에서 사는 사람들

17 비닐하우스가 집인가요

2020년 12월 23일 새벽에 이주노동자평등연대 텔레그램 방에 글이 하나 올라왔다. 지구인의정류장 김이찬 대표의 글인데, 포천에 있는 채소 재배 비닐하우스에서 4년 9개월 정도 일한 캄보디아 출신 여성 이주노동자가 12월 20일 일요일 오후 4시 무렵 숨진 채 동료들에게 발견되었다고 했다. 고인이 된 누온 속헹의 숙소가 비닐하우스 속 불법 가건물인 데다 난방장치가 제대로 작동하지 않았다는 것이다. 동료들이 추위를 견딜 수 없어서 외박한 새 혼자 있다 숨을 거둔 속헹은 3주 뒤에 캄보디아의 고향으로 돌아갈 예정이었다.

영하 18도에 한파경보가 있었지만, 그녀를 고용한 사업주는 몇 번이나 작동한 누전차단기와 고장 난 난방장치에 신경 쓰지 않았다. 여름에 덥고 겨울에 추운 비닐하우스에 조립식 패널과 컨테이너를 숙소랍시고 넣어 놓고는 농업 이주노동자들에게 거기에서 살라고 했다. 그러고도 사업주가 최저임금밖에 안 되는 급여에서 숙소 제공 명목으로 8퍼센트에서 15퍼센트까지 떼어 가는데, 식비와 전기료에 인터넷 이용료까지 별도로 계산했다. 보통 이주노동자들은 적게는 서너 명, 많게는 열댓 명까지 한 방에 살면서도 사업주에게 각자 숙소비를 낸다. 노동자가 시설에 비해 지나치게 많은 돈을 내고, 사업주는 이를 통해 임대 수익까지 올린다. 이런 식의 숙식비 강제 징수는 결국 최저임금제도를 지키지 않는 수단으로 악용되는 임금 갈취라고밖에 볼 수 없는데, 고용노동부는「외국인근로자 숙식정보 제공 및 비용징수 관련 업무지침」(2017년 2월)을 제공해 이런 행태를 감독하기는커녕 오히려 뒷받침했다.[1]

그럼 이 사건의 가해자가 누구인가? 나는 한국 정부라고 생각한다. 물론 아파트를 기숙사로 제공하고 주5일제로 일하는 사업장도 있다. 이런 곳에서는 이주노동자가 여유 시간에 한국어를 공부하거나 취미와 여행을 즐길 수 있다. 그런데 2021년 고용노동부에서 발표한 농·어업 분야 외국인 노동자의 주거 환경 실태 조사 결과를 보면, 조사에 응한 노동자의 99퍼센트 이상이 사업주가 제공하는 숙소를 쓰며 그중 약 69.6퍼센트가 가설 건축물(컨테이너, 조립식 패널, 비닐하우스 내 가설 건축물)을 이용하고 있다.[2] 당연히 정부가 개별 사업주에게 책임을 물어야 하지만, 개선을 유도한다며 기껏해야 과태료를 부과해 사실상 비닐하우스 숙소를 묵인한다. 속헹이 죽었지만 그녀가 일하고 생활하던 환경에 관해 철저한 조사가 없었고, 사업주에게 직장건강검진 미실시에 따른 과태료 30만 원을 부과했을 뿐이다.[3]

이주 인권 관련 시민사회단체는 오랫동안 '비닐하우스는 집이 아니'라고 설득하며 싸웠다. 지구인의정류장을 찾는 캄보디아 출신 농업 이주노동자들과 상담하던 김이찬 대표가 이들에게 닥친 문제는 임금 체불, 폭언, 폭행, 최저임금 위반, 불법 파견 노동뿐 아니라 열악한 주거 환경임을 깨닫고 알린 것이 계기가 되었다.

농업 이주노동자들은 한여름 폭염에 지쳐서 밤을 지새우고 새벽부터 농사를 지어야 했다. 에어컨이 절실한 여름에 비닐하우스 안 조립식 패널은 낮에 받은 후끈한 열기가 밤새 빠지지 않아 잠을 이룰 수 없게 한다. 사업주가 방과 방 사이 벽을 일부 허물고 에어컨 한 대만 설치해 가동하기도 하는데, 한여름의 열기를 식히기엔 역

부족이다. 논두렁에 세운 간이 화장실에는 불이 들어오지 않아 캄캄한 밤이나 새벽에 발을 헛디뎠다가는 논두렁 밑으로 처박혀 다칠 수 있다. 비닐하우스 바닥은 진창이라 신발이든 옷이든 멀쩡할 수가 없는데, 이런 곳에 낡아 빠진 싱크대가 놓여 있으니 청결한 주방은 아예 불가능하다. 장마철이면 물이 뚝뚝 떨어지는 비닐하우스 숙소에서 누전은 기본이고, 문손잡이에 흐르는 전기 때문에 감전 사고가 나기도 한다. 손바닥에 빨간 고무를 입힌 면장갑을 손잡이에 끼워 둔 것이 이주노동자들의 궁여지책이다.

여기서 끝이 아니다. 숙소에 화장실이 없어서 한겨울에 언 땅을 파서 볼일을 보는 경우도 있다. 여성 이주노동자들은 몸을 가리려고 풀숲에 들어간다. 어떤 숙소는 남녀가 커튼 하나로 가른 방에서 자고, 남자들이 여자 방을 가로질러 화장실에 가야 한다. 때로 문이 잠기지 않는 이주 여성노동자 숙소에 관리자나 사장이 술에 취한채 와 문을 두드려서 어떤 이는 무서움에 벌벌 떨다가 악몽을 꾸거나 헛것을 본다.

이주노동자들은 이렇게 열악한 "비닐하우스에 살면서도 한 달 50만 원 넘는 금액을 기숙사비"[4]로 낸다. 숙소비가 서울의 원룸 월세보다 비싼 것이다. 2019년에 한 시사 프로그램에서 2018년 기준 서울 강남의 고급 아파트 평당 월세가 약 15만 원인데, 창살 없는 감옥으로 불릴 만큼 열악한 주거 형태인 쪽방의 평균 월세가 약 23만 원이라는 내용을 담았다.[5] 이 사실이 알려지면서 주거 빈곤과 주거 격차 그리고 구조적인 문제로서 주택 임대료가 공분을 샀는데, 쪽방보다 더 참담한 현실에 놓인 사람들이 이주노동자다.

한국 정부는 농업 분야의 부족한 인력을 채운다며 국가 간 협정을 통해 이주노동자를 받아들였다. 그에 따라 한국어 시험을 치르고 비용을 지불하고 온 이주노동자들은 합법 체류자다. 하지만 이들이 어떤 사업자를 만날지는 운에 달렸다. 사업자가 숙소의 최저 기준을 지키지 않아도 한국 정부는 과도한 숙식비 공제를 합법화하며 문제를 덮어 버린다. 근로감독관은 직무를 유기하고, 고용노동부는 숙소 문제가 사업장을 옮기거나 바꿀 사유는 될 수 없다면서 이주노동자를 벼랑 끝으로 몰아 도망치거나 극단적인 선택을 하게 만든다.

***

2018년 여름에 이주노조, 지구인의정류장, 이주 인권 단체 들과 갔던 논산이 생각난다. 동네가 참 예뻤다. 양옥이 많고 마당마다 갖가지 꽃이 탐스럽게 피어 있었다. 관리가 잘 된 집은 누가 봐도 깨끗해 보였다. 그런데 농업 이주노동자들의 숙소는 논바닥 한복판에 있는 비닐하우스였다. 사진으로 보거나 전해 듣기만 하던 숙소를 내 눈으로 직접 본 것이다. 함께 간 활동가와 기자 들이 입을 다물지 못했다. 사업주에게 정말 묻고 싶었다. "당신은 여기서 살 수 있습니까? 아니, 여기서 살 수 있다고 칩시다. 당신은 이런 숙소에 얼마를 낼 수 있습니까?" 이날 활동가들이 논두렁에 앉아서 외쳤다. 제발 이런 숙소에서 사람을 재우지 말라고.

이날 현장이 언론을 통해 세상에 알려졌지만 아무것도 바뀌지 않은 2020년에 여성 이주노동자가 차가운 방에서 숨졌다. 사건이 보도되었지만, 이를 은폐하고 싶은 사업주와 경찰 그리고 캄보디아 대사관까지 현장을 목격한 이주 여성들을 침묵시키려고 했다. 사업주는 주거침입 운운하며 우리 일행과 기자들을 현장에서 내쫓았고, 국립과학수사연구원는 속헹 씨 사인이 '간경화'라고 했다. 고용노동부 의정부 지청에서 공무원 세 명이 방문했지만 진상을 파악하려는 의지는 보이지 않았다.

우리는 무엇을 할 수 있을지에 대해 논의했다. 코로나19 때문에 5인 이상 집합 금지 조치가 내려져 온라인 회의를 이어 갔다. 억울한 죽음의 진상을 규명하고 근로감독 부실, 기숙사 관리 소홀 등에 대한 책임을 묻고 이주노동자의 주거 문제 해결을 정부에 요구하기 위해 대책위원회를 꾸렸다. 이주 인권 단체와 이주노조, 지역 시민 단체 및 노동운동 단체와 공익 변호사 들이 연대했다. 언론보도와 기자회견으로 논란이 지속되자 경기도가 전수조사를 약속하며 공동 기숙사를 마련하는 방안에 대해 검토하고 있다고 했다. 그 뒤 기숙사의 조건을 강화하는 조치가 내려졌는데, 농장주들이 집단적으로 포천시를 압박해 실행이 유예되었다. 사망 사건이 벌어진 숙소에서 지내던 이주 여성노동자들은 가까운 빌라로 이사했다. 하지만 '비닐하우스'를 대신할 숙소 대책은 여전히 논의 중이다.

주거는 인권이다. 이주노동자는 노예가 아니다. 아무 데서나 자고 아무거나 먹어도 되는 사람들이 아니다. 내 입에 들어가는 가지, 미나리, 상추, 양파를 키우는 농업 분야와 닭, 돼지, 소를 키우는 축산업 분야에서 일하는 이주노동자는 고용허가제를 통해 정식 비자를 받고 왔다. 우리 밥상을 책임진 사람이 한국인만은 아니다. 네팔, 베트남, 캄보디아, 태국 등에서 온 이주노동자들이 함께하고 있다. 등이 휘게 일하는 텔레비전 화면 속 늙은 농부를 보고 가슴 아파하는 사람들에게 화면 밖에서 제대로 쉬거나 편히 자지도 못하고 일하는 젊은 농업 이주노동자를 보라고 말하고 싶다. 이주노동자도 누군가에게는 가슴 아프게 아깝고 안타까운 자식이다. 남의 집 귀한 자식을 제대로 된 집에 머물게 하자. 주거권은 모든 사람이 누려야 할 기본 권리다.

2004년에 개봉한 영화 〈터미널〉을 보면 동유럽의 작은 나라 '크로코지아'를 떠나 뉴욕에 도착한 남자가 JFK공항에서 본국의 쿠데타 소식을 듣는다. 국가 구실을 못 하게 된 고국 때문에 입국허가를 받지 못하는데 돌아갈 수도 없으니 기약 없이 공항에 머물 수밖에 없다. 영화는 이렇게 졸지에 난민이 된 한 남자가 공항에서 지내며 벌어지는 일을 담고 있다. 이런 상황은 영화에서나 볼 수 있다고 생각하겠지만 한국에서 실제로 일어난다. 전쟁이나 혁명 과정에 생존을 위협받고 피난처를 찾아 도착한 인천공항에서 입국하지 못한 채 터미널에 머무는 사람들이 있다.

　2015년 말, 내전과 강제징집을 피해 시리아를 떠난 청년 스물여덟 명이 형편에 따라 여러 항공편으로 인천공항에 도착했다. 한국은 난민법이 있어서 자신들을 받아 줄 것으로 믿었기 때문이다. 하지만 이들은 입국심사대를 통과하지 못하고 송환대기실에 구금되었다. 정부가 이들의 난민 자격 유무를 따지기는커녕 아예 심사받을 기회조차 주지 않고, 누울 수도 없는 의자에서 불편한 밤을 보내도록 이들을 방치했다. 법무부는 남성이 혼자 왔다는 사실이 한국 사회에 위협이 된다고 보고, 이들을 받아들이려 하지 않았다. 가족을 동반하지 않은 난민 신청자는 테러리스트로 의심받고 한국 여성들의 안전을 해칠지 모를 잠재적 범죄자로 여겨졌다.

이렇게 추방을 전제로 체류가 유예되는 공간이 바로 '인천공항 송환대기실'이다. 난민 지원 단체 활동가들이 이들의 사정을 공론화한 끝에 이들에게 난민 심사를 받게 해 줘야 한다는 법원 판결이 나오기까지 이들은 대한민국 경계 안으로 들어오지 못한 채 수개월을 공항에서 부유했다.[6]

***

공항은 실질적으로 국경 구실을 하는 공간이다. 입국과 출국 도장이 찍히는 지점이 국경이다. 이미 한국 땅을 밟았어도 입국 심사를 통과하지 않았다면 입국하지 않은 것이다. 이와 마찬가지로 출국 심사를 통과한 뒤 공항 내 면세점에서 쇼핑 중인 경우 이미 출국한 것으로 본다. 공항은 대한민국 국적자에게는 출국이나 입국 전 소비나 휴식을 위해 잠시 머무는 공간이지만, 비국적자에게는 대기 또는 방치 후 추방의 공간이 되기도 한다.

이주노동자들이 귀향을 위해 밟는 공항은 퇴직금을 수령하는 장소이자, 더 이상 한국에 머물 수 없음을 확인하는 공간이며, 비자가 만료되었으니 나가라는 압력을 받는 곳이다.

출국 후 퇴직금 수령 제도는 이주노동자가 매월 받는 통상임금의 일부를 사업주가 퇴직금 조로 적립하게 하고, 출국 뒤 14일 이내에 출국만기보험금이라는 이름으로 퇴직금을 수령하게 한 제도다. 이주노동자가 퇴직금을 수령하려면 출국 전 출국 예정 사실 확인서, 거래외국환은행 지정 신청서, 보험금 신청서, 여권 사본, 외국인 등록증 사본, 항공권 사본 등 여섯 가지 서류를 출국만기보험 전담사에 제출해야 한다. 퇴직금은 출국 당일 공항 내 은행에서 주로 수령하는데, 서류를 잘 갖추지 못하거나 절차상 오류가 생기는 등 돌발 상황이 벌어져 퇴직금을 못 받고 돌아가는 경우도 있다.[7] 이 제도는 고용계약 기간이 끝나면 꼭 돌려보내겠다는 국가적인 의지로 시행되고 있다. 그러나 정부의 기대와 달리 미등록 체류자 발생 예방 효과가 3.4퍼센트밖에 되지 않아 아무런 실효성이 없음이 밝혀졌다.[8]

***

루렌도 씨 부부와 모두 열 살 미만이던 네 아이는 인천공항에서 10개월을 보냈다. 콩고 출신 앙골라인 루렌도 씨 부부는 앙골라에서 갖은 차별을 겪었다. 앙골라 내전이 일어났을 때 콩고 정권이 반군을 지원한 탓에 전쟁이 끝난 뒤 앙골라에서 콩고인에 대한 반감과 증오심이 있었다. 그런데 택시 운전을 하던 루렌도 씨의 차가 경찰차와 부딪치는 사고가 나는 바람에 루렌도 씨가 경찰에게 폭행당하고 열흘간 구금되었다. 콩고인이 앙골라 경찰에게 잡히면 언제든 죽을 수 있는 상황, 이들이 박해를 피해 한국에 올 유일한 방법은 관광 비자였다. 앙골라에서 에티오피아를 거쳐 2018년 12월 28일에 한국에 도착했지만, 난민이 아니라는 게 명백하다는 이유로 이들은 난민 신청을 위한 절차를 밟는 것조차 거부되었다.

입국할 수 없고 떠난 땅으로 돌아갈 수도 없는 가족

의 아이들은 공항 라운지에서 놀았다. 마땅히 잘 곳이 없으니 제1터미널 46번 게이트 근처에 놓인 소파 여섯 개를 붙여서 침대 삼아 잠을 자고 밥도 먹었다. 부모와 여행을 떠나는 여느 아이들이 들뜬 마음으로 잠시 앉아 쉬었을 소파다. 아이들은 바깥 공기를 쐬지도, 햇빛을 쬐지도 못한 채 공항을 뛰어다니며 여행객들 사이를 누비다가 저녁이 되면 공항 관계자들의 무심함 속에서 잠이 들고 눈을 떴을 것이다.

이들의 사정이 알려지고 난민 문제 전문 변호사들이 출입국·외국인정책본부의 결정을 바꾸기까지 오랜 시간이 걸렸다. 본국에서 도피한 난민 신청자의 특성상, 박해의 증거를 갖추고 입국하는 경우는 매우 드물다. 1심은 패소. 우여곡절 끝에 항소심에서 이기기까지 이들이 공항에서 지낸 기간이 10개월이다.[9] 결코 쉽지 않은 여정 끝에 '난민 인정 심사를 받을 기회'를 얻고 2019년 9월에는 한국 땅을 밟는다. 난민 지위를 인정받은 것은 2021년 10월이 돼서다.[10] 이때 인천공항에 있던 송환 대기자는 루렌도 씨 가족을 포함해 일흔네 명이었다. 루렌도 씨 가족이 도착한 2018년 말 한국에서는 난민 혐오가 넘쳐 났으며 가짜 난민이 있다는 여론이 팽배해서 명백한 전쟁 난민인 예멘인들조차 심사를 제대로 받을 수 없었다. 출입국·외국인정책본부는 이런 여론에 편승해 좀처럼 난민 자격을 인정하지 않았다.

***

한국에는 난민법이 있고, 이런 법의 존재가 난민들에게 한국행을 꿈꾸게 한다. 이들이 공항에서 난민 자격을 인정받아 출입국심사대를 통과한다면 안전한 삶을 시작할 기회를 얻는 것이다. 그런데 행정은 난민임을 입증할 서류를 요구하고, 서류가 없다면 난민 심사 신청 자체를 거부한다. 루렌도 가족처럼 목숨을 걸고 급박하게 피난길에 오른 이들이 서류를 챙기기란 쉽지 않고, 난민 자격을 증명할 기회는 다시 오지 않을 수도 있다. 법무부는 당사자의 목소리에 귀를 기울여 주지 않는다. 난민 개개인 삶의 맥락이 때로 무시당하고, 난민 심사 신청을 받으려는 간절한 마음이 좌절당한다. 한국 땅에 있지만 입국하지 못한 채 공항에 머물면서.

이주노동자들은 어떤가. 그들은 고용계약 만료와 함께 돌려보내야 하는 사람들로 분류되고 마땅히 받아야 하는 퇴직금도 한국 국경 밖에서 받도록 강제된다. 귀향의 기쁨을 누리는 이주노동자들도 있지만, 체류 자격이 없다는 이유로 마지 못해 한국 생활을 접어야 하는 이들도 있다. 그래서 출국할 때까지의 기다림은 때로 섭섭함으로 채워진다. 이 땅에서 청년 노동자로 살았지만, 자신들의 노동력만 원하는 한국 정부에 대한 원망을 가슴에 품은 채 말이다.

2023년 세계 공항 순위 4위인 인천공항이 있는 대한민국에 다양한 국적의 수많은 사람들이 오간다. 여행 때문이든 출장 때문이든 저마다 지닌 여권은 특정 국가의 출입을 쉽게 하거나 어렵게 하는 위계가 있다. 우리는 이것이 국력이라고 생각하지만 실은 인종차별의 지표다. 전 지구적인 자본주의 체제에서 살아가는 사람 가운데 이동의 자유가 허락된 자와 통제와 감시 속에서 제한된 이동이 허락되는 자들의 위계. 이것이 제도화된 인종차별이 아니면 무엇이겠는가?

19 보호소가 아닌 감옥

딸아이가 초등학교 4학년일 때 〈소년은 자란다〉(배성근 감독, 2007)라는 독립영화에 출연했다. 파키스탄 출신 미등록 이주노동자의 딸 역이었다. 영화는 이 부녀가 월세로 살게 된 집 주인의 아들인 한국인 남자아이의 눈으로 펼쳐진다. 학교에서 친구들이 놀려도 친구가 된 두 아이가 같이 외출하고 돌아온 어느 날, 동네에서 미등록 이주노동자 단속이 벌어진다. 이날 여자아이는 아무리 기다려도 오지 않은 아빠가 단속에 걸려서 외국인보호소에 갇힌 사실을 알게 된다. 아이는 목사의 도움으로 아빠를 만나고, 강제 추방되는 아빠와 파키스탄으로 돌아간다. 미등록 이주민 신분이 뭔지는 몰랐던 남자 아이가 소녀와 만난 뒤 한층 성장한다는 내용이다.

영화는 외국인보호소에 수용된 사람들이 구체적으로 어떻게 지내는지를 보여 주지는 않는다. 내가 만난 이주민 몇 명도 출입국관리사무소의 단속으로 외국인보호소에 갇힌 적이 있다. 가깝게는 시누이의 남편이 그랬고 이주민 인권 활동을 같이 하던 캄보디아 출신 여성 이주 노동자, 시민사회단체의 지원으로 알게 된 몽골 출신 미등록 이주 청소년도 그랬다. 이들이 갇혀 있던 외국인보호소에서는 어떤 일이 일어났을까?

2021년 말, 화성외국인보호소에 수용된 외국인이 두 손과 두 발을 뒤로 묶인 채 몸이 꺾이는 '새우꺾기'라는 가혹 행위를 당한 것이 세상에 알려졌다. 그는 2017년에 난민 신청을 위해 한국에 왔다가 체류 기간 연장 기한이 지났으며 2021년 3월에 강제 퇴거 명령을 받고 화성외국인보호소에 수용되었다. 그리고 이곳에서 보낸 석 달 중 3분의 1이 넘는 40일 동안 2.6평 넓이 독방에 있었다.

이 사건을 통해 외국인보호소가 인권 사각지대라는 것이 드러났다. 국가기관은 부당한 국가 폭력의 희생자가 생기지 않도록 "구금 대상, 기준, 기한 및 보호 장비 사용 등 신체의 자유를 제한하는 방식을 규정한 관련법을 철저히 준수해야 한다". 그런데 외국인보호소는 "강제 입소, 출입 제한, 면회 제한, 인터넷 등 정보 접근 제한의 모든 면에서 사실상 구금 시설이면서도 행정절차상 보호 시설로 분류"[11]돼 교도소와 같은 구금 시설 운영의 기준이 되는 법에서 벗어나 있었다. 더구나 출입국관리법 63조 1호에 따르면 강제 퇴거 명령을 받은 외국인을 송환할 때까지 보호 시설에 둘 수 있다면서 기한을 명시하지 않아 사실상 무기한 구금도 가능하다. 이 법 조항 때문에 그동안 본국으로 돌아갈 수 없는 이주민들이 4~5년 이상 구금 상태로 지내기도 했다.[12] 형법상 죄를 저지르지 않은 체류 초과자에게는 너무나 가혹한 처사가 아닐 수 없다.

***

내 남편은 자기 가족 중 가장 먼저 한국에 왔다. 그를 이어 남동생 둘과 여동생의 남편도 왔다. 당시 한국 사회는 이주노동자를 위한 제도를 갖추고 있지 않았다. 그래서 한국과 비자면제협정을 맺은 아시아 국가 출신 이주민들이 관광 비자로 들어왔다가 체류 기간을 넘겨 가며 일을 했다. 하지만 제조업 분야의 인력 부족으로 정부가 이런 불법 고용을 방관하고 있었다. 더럽고 힘들고 위험해서 3D로 불리는 일을 할 한국 노동자들을 구하기 어려웠기 때문이다. 인력난 때문에 사업주가 누구든 일을 해 주면

다행이라고 생각하던 시절이다. 남편과 결혼한 1990년대 중반에 나는 이주노동자의 삶에 관해 아는 게 전혀 없었다. 다만 내가 일한 액세서리 회사의 부천 공장에 필리핀 이주노동자가 있다는 건 알았는데, 그가 본국에서 교사였지만 먹고살기 힘들어서 이주노동을 택했다고 들었다.

어느 날 남편이 외국인보호소에 있는 여동생의 남편을 면회하러 가자고 했다. 서울 외곽에 있는 외국인보호소가 학교 건물처럼 보였다. 결혼 전에 만나 본 시누이의 남편은 자존감이 꽤 높은 엘리트였다고 기억한다. 얼굴이 잘생긴 편이고 생기가 넘치는 사람이었다. 그런데 단속에 걸려 외국인보호소에 들어간 지 일주일 만에 얼굴이 너무나 초췌해졌다. 우리는 유리창 너머로 아주 잠깐 그와 이야기할 수 있었다. 20년이 넘었지만 이날의 충격을 잊을 수가 없다. 그곳에서 무슨 일이 일어났으며 왜 그렇게 힘든 모습이었는지 자세히 듣지는 못했다. 그저 그가 본국으로 돌아가는 데 필요한 비행기표를 마련하는 것과 방을 빼고 짐을 싸서 보내는 뒷정리 정도가 우리의 몫이었다. 그곳에서 빨리 나오게 하려면 그것이 최선이라고 생각했다.

그리고 몇 년 뒤 아이들이 제법 자라 가족 여행을 하

려고 인천공항에 갔을 때다. 비행기 탑승 전 대기 중에 한 무리의 사람들이 줄을 맞춰 이동하는 것이 보였다. 강제 추방당하는 미등록 이주민들이었다. 범죄자가 아니라 체류 기간 초과자일 뿐인 그들의 손목에 수갑이 채워져 있었다. 일반 탑승객보다 먼저 비행기에 태우려고 수많은 탑승객들 한복판을 가로지르며 그들을 데려가는 출입국관리사무소 직원들에게 감시당하면서 말이다. 나처럼 탑승을 기다리던 사람들이 그 모습을 보면서 어떤 생각을 했을까? 고개를 푹 숙이고 걷는 그들의 발걸음은 천근만근 같아 보였다. 내가 알던 미등록 이주민들도 이런 모습으로 돌아갔다는 사실을 그제야 깨닫고 가슴이 먹먹해졌다. 그들은 이렇게 모욕적인 처사를 어떻게 견뎠을까?

***

오랫동안 알고 지낸 캄보디아 출신 여성 활동가가 미등록 상태로 지내다 단속에 걸려 화성외국인보호소에 갇혀 있다고 들었다. 합법적 체류자였던 그녀가 미등록 체류자가 된 것은 보호소에 갇히기 1년쯤 전 일이다. 그녀는 이주노동자로 지내면서 형제와 조카 들을 뒷바라지했다.

학생 비자로 다시 한국에 온 뒤 활동가로 지내고 싶어 했으나 먹고사는 문제 때문에 미등록 이주노동자가 되기로 마음먹었다. 주위 사람들은 단속 추방의 위험 때문에 이런 결정을 만류했지만, 생존이 우선일 수밖에 없는 상황에서 캄보디아에 있는 가족과 자신의 미래를 위해 조금이라도 돈을 모으려고 미등록 이주노동자가 된 것이다.

그녀를 면회하려고 여러 사람들이 함께 화성외국인보호소로 갔다. 하지만 면회는 한 명만 할 수 있었다. 캄보디아어를 할 수 있는 활동가 한 명이 면회하고, 다른 사람들은 밖에서 기다리기로 했다. 중범이 아니라 체류기간 초과라는 행정법 위반인데도 면회를 제한하는 이유를 알 수 없었다. 외국인보호소는 미등록 이주민들이 본국에 돌아가기 전에 잠시 머무는 곳인데도 감옥처럼 엄격하게 통제했다.

그녀를 지척에 두고도 끝내 볼 수는 없었다. 같이 면회를 간 활동가에게 휴대전화로 연락해 온 그녀의 목소리를 들은 게 마지막이다. 캄보디아로 돌아가며 신변을 제대로 정리할 수 없던 그녀는 같은 나라 친구들에게 뒷정리를 부탁했다. 꼭 챙겨야 할 짐과 옷가지만 정리했고, 밀린 임금은 받지도 못했다.

미등록 이주민 단속으로 이주노동자들이 외국인보호소에 갇힐 때마다 활동가나 친구들이 서둘러 본국으로 보내려고 애쓴 기억이 있다. 미처 못 뺀 월세방 보증금은 남은 사람들이 집주인을 설득해서 받았다. 하지만 돈을 떼이거나 집주인이 상황을 악용하는 경우도 있었다. 사업주도 마찬가지다. 미등록이라는 사실을 빌미로 위협하며 임금을 제대로 주지 않다가 끝내 출입국관리사무소에 신고해서 잡아가게 하는 경우도 있었다. 신고는 하지 않아도 밀린 임금을 빨리 주지 않는 사업주가 흔했다.

출입국관리사무소는 이주노동자가 산업재해를 당해서 사업주와 재판 중이라도 분쟁을 해결할 시간적 여유를 주지 않는다. 대리인에게 위임하라고 강요할 뿐이다. 이렇게 서둘러 돌려보내려는 것은 미등록 이주민 숫자 관리 외에 특별한 이유가 없다. 이주 인권 단체들은 출입국관리사무소가 모든 미등록 이주민을 단속할 수도 없고 그럴 의지도 없다는 걸 안다. 다만 일정한 숫자를 관리하고, 이를 위해 직원들에게 실적으로 인센티브를 준다. 그러니 연례행사처럼 단속과 추방이 반복되는 것이다. 생존을 위해 남기로 한 미등록 이주민들은 단속을 피하려 애쓰면서도 언젠가는 당할 일로 여긴다.

외국인보호소가 보호 시설이 아닌 감옥이라는 사실이 지속적으로 알려진 것은, 아시아의친구들이라는 이주민 지원 단체를 비롯한 시민단체에서 활동하는 사람들이 보호소에 수용된 이주노동자들을 개별적으로 면담하면서부터다. 이 과정에서 감옥보다 더 열악한 환경이 밝혀졌다. 특히 질병에 걸렸을 때 의료 지원이 미비하다. 범죄자가 아니고 충분한 사유가 있으면 심사를 통해 밖에서 체류하다 본국으로 돌아갈 수 있는 '보호 일시 해제' 제도가 있는데, 이 제도를 운용하지 않기도 한다. 미등록 이주 청소년이 어른들과 수용되는 문제도 있다. 그중 '무기한 구금'은 보호소가 감옥만도 못한 곳임을 보여 준다. 난민이 본국 사정과 박해의 두려움 때문에 한국에 남겠다고 주장할 경우 결론은 '무기한 구금'이다.

감금되어 보지 않으면 그 안에서 무슨 일을 겪는지 알 수 없다. 하지만 딱히 경험하지 않아도 감금이라는 말에서 이미 두려움과 답답함과 비참함을 간접적으로 느낄 수 있다. 나 자신이 하루라도, 어딘가에서, 누군가에게 강제로 억류된다는 상상만 해도 끔찍하기 때문이다. 그것도 남의 나라에서라면 더더욱. 낯선 장소에서 통제와 감시라는 제도적 폭력하에서 언제 추방될지 모를 서로 다른 국적의 사람들과 머무는 게 편할 리 있겠는가? 어느 나라든 외국인보호소는 제도적 인종차별이 일어날 수 있는 공간이다. 국민이 아닌 추방 대상자는 모두 이주자라서 인권침해를 당해도 도움을 받기가 쉽지 않다. 때로 감옥보다 더 심한, 형기도 없는 감금 상태가 지속돼도 그 사실을 외부에 알리고 부당한 처사에 저항하기가 쉽지 않다. 만약 저항한다면 더 가혹한 폭력을 당한다. 앞서 말한 '새우꺾기' 고문이 그런 경우다. 체류 기간을 넘겼다고 해서 사람을 감금하고 인권을 침해하면서 부당하게 대해서는 안 된다. 출입국관리법 개정이 반드시 필요한 이유다.

20 반말과 고성 대신 서비스를

안산 지구인의정류장에서 도움받은 노동자들이 크메르 노동권협회라는 공동체를 만들었다. 그 공동체의 2대 대표였던 S가 캄보디아로 돌아간 뒤 유학생 신분으로 다시 한국에 왔다. 캄보디아 이주노동자들을 돕기 위해서였다. 학생이라 공부가 중요했지만 이주노동자 지원도 멈출 수 없던 S는 합법적 체류를 위해 비자 연장이 꼭 필요했다. 한국어, 특히 행정 언어를 여전히 이해하기 힘들어한 S를 위해 내가 출입국관리사무소에 같이 가기로 했다.

　법무부 산하기관인 출입국관리사무소는 이주민들을 주눅 들게 하는 곳이다. 이곳 직원들에게 미등록 체류자 단속 권한이 있으니 그럴 만도 하다. 그런데 적법한 체류 자격이 있는 사람이 체류 기간을 연장하려고 할 때도 건물에 들어서면서부터 기가 죽는다. 담당 공무원이 조금이라도 큰 소리를 내거나 알아듣지 못하는 말로 빠

르게 야단치듯 말하면 외국인이 느낄 당황스러움과 무력
감은 내 짐작보다 더하지 않을까 싶다. S와 동행하면서
나는 남편이 귀화 전에 비자를 받거나 체류 기간 연장을
위해 출입국사무소에 갈 때마다 느낀 것을 오랫동안 잊
고 있었음을 깨달았다.

이주민들은 권역별 출입국관리사무소까지 가지 않
고 출장소에서 일을 볼 수도 있다. 안산에는 고잔역 건너
편에 자리한 고잔동출장소(현 안산출입국외국인사무소),
외국인주민지원본부 건물 중 한 층을 쓰는 원곡동출장소
등이 있다. 이 중 원곡동출장소가 내게는 최악으로 기억
된다. 안내를 맡은 직원에게 간단한 질문을 했을 뿐인데
도 크고 거친 음성이 날아왔다. 왜 큰소리치냐고 물었지
만 묵묵부답이었다. 내 순서가 돼 창구에 갔는데, 이번에
는 한국인인 나도 알아듣기 힘든 말로 빠르게 지시했다.
너무 당황스러워서 다시 차근차근 설명해 달라고 부탁하
면서 이주민들이 어떻게 알아들을 수 있겠냐며 왜 그러
는지 물었다. 역시 대답은 없었다.

이주민방송에서 함께 일한 난민 인정자인 M도 늘
겪는 일이라고 했다. 같은 나라 출신 난민을 도우려고 출
입국관리사무소에 가면 갑자기 한 사람이 나타나 왜 왔

냐고 소리 지르면서 서류를 훑어 보고는 "너 안 돼! 이거 안 돼!" 한다는 것이다. 난민 심사 서류 작성을 돕거나 안 내하는 것도 아니고 체류 자격 심사 담당자도 아니면서 뭐가 안 되는지 설명도 없이 자신들을 쫓아내려 했다고 한다.

체류 자격 심사를 위해 서류를 접수하고 심사 결과 를 알려 주는 출입국관리사무소 창구에서 왜 이주민을 고압적으로 대할까? 이들은 그저 한국 국적이 없을 뿐, 적법한 절차에 따라 체류 허가를 받거나 체류 기간을 연 장하려는 민원인이다.

***

20여 년 전 일이다. 내가 활동하던 단체로 두 사람이 찾 아왔다. 파키스탄 남성과 결혼한 뒤 체류 비자를 받으려 고 준비하던 한국 여성들이었다. 이들은 비자를 발급받 는 과정에서 다른 국제결혼 부부에게 사기를 당한 것 같 다고 했다. 체류 비자를 받기 위해 결혼증명서와 이를 번 역한 번역공증서, 신원보증서 같은 서류를 준비하는 일 은 결코 만만하지 않다. 한국인 배우자 자격으로 비자를 받는 일이 누군가에게는 너무 막막하고 힘들 수 있다. 직장에 다닌다면 시간을 내기도 눈치가 보이는 일이다. 그때는 전산화가 잘 되어 있지 않고 정보가 부족해서 암호라도 풀 듯 일일이 전화하고 방문해서 알아내야 하는 일도 많았다. 이런 상황에, 먼저 파키스탄 남성과 결혼한 사람으로부터 도와주겠다는 말을 들었다는 것이다.

수수료가 얼마든 일단 체류 비자를 받고 보자고 생각한 이들은 그 호의를 덥석 받았다. 한 사람은 100만 원 정도, 다른 사람은 그보다 적은 돈을 냈다. 그런데 편할 줄 알았던 비자 발급 대행 서비스가 전혀 편하지 않았다. 결국 서류 준비든 출입국관리사무소에서 비자를 받는 일이든 당사자가 해야만 한다는 걸 알게 되었다.

자칭 대행자가 한 일이 몇 가지 정보 제공과 서류 수집 정도였으니 사기라고 여겼어도 무리가 아니다. 먼저 결혼한 사람이라 동병상련의 심정으로 자신들을 도와준다고 믿었는데, 실은 자신들을 이용해 돈벌이를 했기 때문이다. 이 일이 파키스탄 남성과 결혼한 여성들의 모임에 전해져 배신감과 분노를 일으켰고, 같은 처지의 사람들을 상대로 돈을 벌려던 여성은 결국 다시는 모임에 돌아오지 못했다.

정보 접근에 한계가 있는 데다 먹고사느라 일터에

매여 사는 이주민들은 이런 식으로 피해자가 되기 쉽다. 과도한 수수료를 챙기려는 사람들의 호구가 되는 것이다. 그런데 놀랍게도 이런 일이 지금은 직업으로 자리 잡았다. 바로 '이민 행정사'다. 전직 출입국관리사무소 직원들의 밥벌이고, 이주민들도 하는 일이다. 해외에서는 이민 관련 업무를 변호사가 한다.

한국 정부는 이민자를 위한 제도를 공식화하지 않아 유학생과 이주노동자, 난민에 대한 정책이 제각각이다. 이민을 허용하지 않기 때문에 '이민자'가 아니라 '외국인'이라는 말을 쓰고, 출입국 외국인 정책이 있을 뿐이다. 결혼 이주민은 한국인 배우자의 지위를 통해 체류 자격을 얻고, 재외동포는 동포 비자를 받거나 국적 회복을 통해 대한민국 국민이 된다. 이렇게 이민 정책은 없는데 이민 행정은 있는 모순적인 상황에서 이주민들은 조금이라도 빠르고 안전하고 정확한 처리를 위해 출입국 민원 대행 서비스를 이용하게 된다. 대단한 서비스가 존재하지 않는다는 사실을 뒤늦게 알지만 어쩔 수 없다.

***

최근에는 출입국 업무가 전산화돼 방문 예약이나 비자

발급 관련 내용을 문자로 받는다. 업무의 효율성 면에서 분명 진일보했다. 출입국관리사무소 누리집에는 비자 관련 정보가 자세하게 설명돼 있어서 찬찬히 읽으면 절차를 아는 것도 어렵지 않다. 더군다나 통역 봉사자들이 활발하게 활동하고 있어서 언어 장벽도 낮아졌다. 하지만 행정 체계가 한국인 중심이다 보니 이주민으로서는 여전히 어렵다고 느낄 수밖에 없다. 이주민들은 서류를 잘 준비하고도 잔뜩 긴장한 채 순서를 기다리며 혹시 답변을 잘못할까 봐 초조해한다. 한국인 배우자가 있는 결혼 이민자라면 배우자가 대신 대답하고 옆에서 도와줄 수 있어서 그나마 형편이 낫다. 하지만 도움받을 사람이 없는 외국인이라면 이민 행정사에게 의존할 수밖에 없는 구조다. 이를 이용해서 돈을 버는 사람까지 생겼고, 법무부는 이를 합법화했다.

물론 필요에 따라 변호사나 법무사나 노무사 같은 전문가에게 일을 맡기고 합당한 수수료를 낼 수 있다. 이민 행정사의 일도 그렇게 받아들일 수 있겠지만, 체류 자격 신청이 꼭 전문가의 도움을 받아야만 할 일인지 의문이다. 출생신고나 전입신고, 혼인신고를 할 때 거창한 도움이 필요하던가? 공무원의 친절한 안내에 따라 서류를 작성하고 제출하면 일정 기간 후에 처리 결과를 확인할 수 있다.

사실 체류 비자를 받는 과정도 그렇다. 공지받은 대로 필요한 서류를 준비해 가고, 혹시 창구에서 공무원이 서류가 부족하다고 하면 다시 준비해 가고, 접수 뒤에 심사받고 결과를 통보받으면 그만이다. 담당 공무원이 이주민을 고압적으로 대하거나 불친절한 말을 내뱉을 이유, 더구나 소리를 지를 이유는 없다. 언어 문제로 소통이 어렵다면 관련 부처나 시민사회단체의 통역 서비스를 이용해서 차근차근 풀어 가면 된다. 행정 서비스의 일환인 적격 여부 심사에 이의가 있다면 절차에 따라 해결하면 되니, 굳이 서로 불쾌할 일이 없고 국적에 따른 차별이 일어날 이유도 없다.

***

출입국관리사무소의 접수창구는 미군과 미국 시민권자와 중국을 비롯해 여타 나라 사람들을 다르게 대한다. 아시아나 아프리카 출신 이주민은 이런 위계와 차별을 분명하게 느낀다. 같은 유학생이라도 북아메리카나 유럽의 유학생과 아시아 출신의 유학생이 느끼는 위압감이 다르다. 왜 달라야 할까?

지금의 출입국 심사 과정은 애초에 편견에 기초해 이주민을 불신하면서 진정성을 확인하는 과정으로 보인다. 결혼 이민자라면 불신을 상쇄할 통장 잔고와 신원보증 그리고 한국인 배우자의 동행 여부와 자녀의 출산 여부가 중요하다. 아시아 출신의 유학생은 수많은 서류와 한국어 성적까지 내보이지만, 한국어 실력과 성적에 따라 심사 과정에서 의심받기 일쑤다. F를 받으면 안 되고, 휴학이라도 했다가는 바로 출국해야 한다. 난민은 신청 사유를 믿을 만한 근거가 있어야 한다. 고국에서 몸만 빠져나오거나 전쟁 통에 서류를 잃어버렸다고 해도 인정받지 못한다. 다시 가서 찾아올 수도 없는데 어떡하란 말인가?

출입국 심사는 이주민이라면 누구나 절차에 따라 공정하게 서류를 작성하고 접수하고 기다리는 과정이어야 한다. 하지만 창구에서부터 무시당하는 기분이 드는 것도 모자라 반말과 고성을 들어야 한다면 누군들 위축되고 두렵지 않을 수 있겠나? 종일 민원인을 대하는 행정업무가 얼마나 피곤할지 이해한다. 그렇다 해도 지금처럼 전문직과 단순노무직을 가르고 출신국의 위상을 따지며 차별한다면 심각한 문제다. 출입국관리사무소마다 모니터링을 하면 달라질까? 활동가들이 지역별 사무소에 자리 잡고 그 안에서 진행되는 과정을 하나하나 감시하면 달라질까? 이주민이 체류하기 위해 필요한 절차를 밟는 데서 모욕받을 이유는 없다.

이 책을 써 보라고 제안받은 때가 2020년 여름이다. 본격적으로 글을 쓰기 시작한 2020년 겨울에는 이미 전 세계 사람들이 감염병에 대한 두려움에 떨고 있었다. 바이러스는 국경과 인종, 계급과 학력, 성별과 연령, 장애 유무를 떠나 우리의 일상을 관통해 공포를 조성하며 차별이 무엇인지를 극명하게 드러냈다.

　팬데믹 초기에 백신은 차별적으로 배급되었고, 예방을 위한 마스크마저 국민이 아니라는 이유로 못 받는 이주민도 있었다. 그런가 하면 시설에 갇혀 오히려 감염의 위험에 더 쉽게 노출된 노인들과 장애인들이 있었다.

　학교를 못 가게 된 아이들을 돌보는 것이 문제가 되었고, 함께 모여 하는 입학식이나 졸업식도 건너뛰어야 했다. 그럼에도 일터는 유지되어야 했고, 그 탓에 집단으로 일하는 콜센터 같은 곳에서 집단 감염이 일어났다. 사람들이 거리에 나오지 않자 자영업자들은 소비가 줄어 힘들다며 아우성이었고, 모두가 재난을 비켜 갈 수 없는 상황임에도 재난지원금은 이주민이라는 이유로 차별적으로 지급하거나 아예 대상에서 제외하기도 했다. 특히 팬데믹 상황은 특정 출신 국가 사람들을 향한 혐오를 쏟아 내거나 직접적인 폭력을 가해도 된다는 잘못된 태도가 일부 사람들에게서 나타나기도 했다. 제도와 개인이 취약한 사람들 또는 사회적 소수자들을 차별했다.

이제 책을 마무리하는 2023년 여름, 언제 그랬냐는 듯 사람들이 마스크 없는 얼굴로 서로를 대하고 아이들이 학교로 돌아갔으며 자영업자들은 다시 손님을 맞이하며 날마다 북적이는 가게 문을 활짝 열어 놓고 있다. 집단 감염의 두려움이 아예 없어지지는 않았지만, 마스크 착용을 의무화하는 곳은 거의 사라졌다. 해외로 휴가를 가는 사람들이 국경을 넘고 있다. 그리고 국경 간 이동이 안전해지자 이주노동자를 대하는 정부의 태도가 달라졌다. 노동 공백을 우려해 더 있어도 된다며 이주노동자의 체류 기한을 연장하거나 미등록 체류를 눈감아 주다가 이제 외국인등록증을 확인하고 미등록 체류자를 단속하며 추방하겠다는 것이다.

***

한편에서는 새로운 이주노동자 업종을 만들어 내려고 한다. 팬데믹 상황에서 필요성을 절실히 알게 된 돌봄 노동을 여성 이주노동자에게 전가하기 위해 제도를 마련한다며 공청회를 열었다. 가사노동과 육아를 책임질 제도가 있어야 저출산 문제를 해결할 수 있다면서 외국인 여성 가사노동자 제도 도입에 적극적이다. 심지어 최저임금을 지키지 않고 싸게 노동력을 쓸 수 있어야 한다고 주장하는 정치인마저 있다. 시범적으로 이주 여성 가사노동자 100명을 필리핀을 비롯한 아시아 국가에서 데려온다고 한다. 월 100만 원만 주면 고용할 수 있는 이주 여성 가사노동자여야 젊은 맞벌이 부부들이 감당할 수 있다면서 이를 뒷받침할 제도를 만들겠다고 한다.

돌봄 노동을 여성 이주노동자에게 전가할 때 그가 떠나온 곳의 돌봄 노동 공백은 누가 감당하게 될까? 정부는 가사노동과 양육을 왜 여성의 일로만 여기는 걸까? 남성이 가사노동이나 양육에 참여할 수 있도록 육아휴직과 노동시간을 조정하는 등 고용 구조를 바꾸면 안 되나? 돌봄을 실행하는 어린이집과 지역아동센터나 학교를 중심으로 돌봄 프로그램을 개선하기 위한 예산 투입을 고민하면 안 되나? 왜 정부는 타이완과 싱가포르와 홍콩의 이주 여성 가사노동자 고용정책에서 드러난 인권 침해 문제에 대한 비판 없이, 이들을 싸게 이용할 수 있는 인력으로만 볼까? 이렇게 끝없이 고개를 드는 의문에 대한 답을 진지하게 찾아보자는 것이 욕심일까?

***

말하는 것을 포기할 수 없다. 재난으로부터 안전한 삶을 보장하라고, 인간답게 살아갈 임금을 보장하라고, 노예가 아닌 노동자로서 사업장을 이동할 자유를 보장하라고 외칠 수밖에 없다. 이런 목소리를 함께 내야 한다. 나는 인종차별에 반대하는 시민 연대의 힘을 믿고, 포괄적 차별금지법의 제정을 위한 활동이 세상을 바꾸는 데 일조하리라고 믿는다. 아직 뜻을 이루지는 못했지만 법을 만드는 과정에서 이미 차별을 넘는 시민의 연대와 국경을 넘는 지구인의 연대를 확인하고 있기 때문이다.

1장

1   1945년 9월 8일에 한국의 남쪽 지역과 서부 해안 도시인 인천에 미군이 상륙했고, 이해 말 부평에 최초의 기지촌이 생겼다. 인천에 주둔한 병사들은 술과 오락거리를 찾았고, 클럽과 사창가에서 일하는 여성은 1000명이 넘었다.

2   어지연, 『기지촌의 그늘을 넘어』, 임옥희 옮김, 삼인, 2007.

3   염운옥, 『낙인찍힌 몸』, 돌베개, 2019, 335쪽. "우리는 줄곧 태평양전쟁에서 군 위안부 제도를 운영한 일본을 비판해 왔지만 그 제도가 한국 정부와 미군에게 계승되었다는 사실은 종종 잊는다. '양공주', '양색시', '양갈보'라는 비칭으로 불렸던 미군기지 주변 성매매 여성의 공식 명칭이 바로 '위안부'였다."

4   김현숙, 「민족의 상징 '양공주'」, 『위험한 여성』, 일레인 김·최정무 편저, 박은미 옮김, 삼인, 2002, 221쪽.

5   「냄새나는 한국의 인종차별」, 《한겨레21》, 제773호. http://h21.hani.co.kr/arti/society/society_general/25561.html

6   염운옥, 앞의 책, 7쪽.

7   오드리 로드, 『시스터 아웃사이더』, 주해연·박미선 옮김, 후마니타스, 2018, 212쪽.

8   오드리 로드, 앞의 책, 220쪽.

9   오드리 로드, 앞의 책, 221쪽.

10   《법률신문》, 2020. 12. 17.

11   「죽음의 단속으로 사망한 이주노동자 딴저테이 씨 1주기」, 《인천투데이》, 2019. 9. 30. 한국이주인권센터 박정형 사무국장의 투고 내용 참조. http://www.incheontoday.com/news/articleView.html?idxno=116971

12   이주민방송 웹진 VOM(Voice of Migrants), 2020. 11월호.

13   「불법체류 여성 유인 살해한 50대 구속」, 《경향신문》, 2017. 11.

13. http://news.khan.co.kr/kh_news/khan_art_view.html?ar-tid=201711130840001&code=940202

14 「태국인 불법체류자 올해만 9만여 명 늘어 15만여 명..사회문제 우려」,《뉴스1》, 2018. 10. 24. https://www.news1.kr/articles/?3458958

15 고영직, 앞의 글, 2020, 81쪽.

16 이문영,『웅크린 말들』, 후마니타스, 2017, 478쪽.

17 「2018년 유엔 인종차별철폐위원회 최종 권고」, 난민인권센터. https://nan-cen.org/1841

18 「주한 교황대사 예멘난민 격려 "이 나라 법 잘따르라"」,《제주의 소리》, 2018. 7. 29. https://www.jejusori.net/news/articleView.html?idxno=208254

19 난민인권센터 국내 난민 현황(2020.12.31기준). https://nancen.org/2166

20 「'제주 예멘 난민' 사태 5년…그 많던 예멘인 어디 갔나」,《세계일보》, 2023. 6. 10. https://m.segye.com/view/20230609519609

21 「난민은 '탄압당했다'고 했는데…통역은 '돈벌러 한국 왔다'」,《조선일보》, 2018. 7. 17. https://www.chosun.com/site/data/html_dir/2018/07/17/2018071700140.html

22 김현경,『사람, 장소, 환대』, 문학과지성사, 2015, 207쪽.

2장

1 윤갑정 외,『중도입국·외국인유아를 위한 교육지원 도움자료』, 국가평생교육진흥원, 2021, 13쪽.

2 「노동자 일감 잠식하는 불법 체류자, 이제 대책을 세울 때다」,《서귀포신문》, 2020. 6. 10. https://www.seogwipo.co.kr/news/articleView.html?idxno=200941

3 「이주노동자 임금 차등 지급이 가져올 암울한 미래: 벼룩의 간을 빼 먹는다」,《에큐메니안》, 2010. 2. 26. http://www.ecumenian.com/news/articleView.html?idxno=18571

4 「'외국인 임금 삭감' 한국인들이 더 발끈한 이유」,《머니투데이》, 2019. 6. 21. https://news.mt.co.kr/mtview.php?no=2019062020410563029

3장

1 「'부모 국적·신분 불문, 외국인 아동 출생등록 가능해진다' 소병철 의원, '외국인 아동의 출생등록에 관한 법률안' 발의」,《대한뉴스》, 2023. 6. 15. http://www.dhns.co.kr/news/articleView.html?idxno=309679

2   「이주 인권 단체들 '법무부 미등록 이주 아동 조건부 구제 대책, 90% 이상 적용 안 돼…아동 권리 보장해야'」,《뉴스앤조이》, 2021. 6. 25. https://www. newsnjoy.or.kr/news/articleView.html?idxno=302943

3   「매일 두 배씩…'출생 미신고 아동' 얼마나 더」,《매일경제신문》, 2023. 7. 6. tps://www.mk.co.kr/today-paper/view/2023/5492066;「용인서도 출생 미신고 영아 사체 유기…친부 긴급체포」,《연합뉴스》, 2023. 7. 6. https://www.yna. co.kr/view/MYH20230706008100641

4   「한국에서 그림자가 된 아이들…출생 미등록 70%는 '외국인 아동'」,《KBS 뉴스》, 2023. 7. 5. https://news.kbs.co.kr/news/view.do?ncd=7716546

5   「출생 통보제 통과됐지만…사각지대 방치된 미등록 이주 아동」,《EBS 뉴스》, 2023. 7. 5. https://news.ebs.co.kr/ebsnews/allView/60368176/N?fbclid=I-wAR2ZjycHFzJbPiSDT5BsrvIv5dutLdZ-5yDZlypboYthwBiyNYbSn4tGg_M

6   국회입법예고, [2122683] 외국인 아동의 출생 등록에 관한 법률안(소병철 의원 등 13인). https://pal.assembly.go.kr/napal/lgsltpa/lgsltpaOngoing/view. do?lgsltPaId=PRC_B2Z3A0V6W1U2T1T2R2S9A1B4Z6Z6Y3

7   「'부모 국적·신분 불문, 외국인 아동 출생 등록 가능해진다' 소병철 의원, '외국인 아동의 출생 등록에 관한 법률인' 발의」,《대한뉴스》, 2023. 6. 15. http:// www.dhns.co.kr/news/articleView.html?idxno=309679

8   〈편지〉, 서울독립영화제2014(제40회), 경쟁부문 단편. https://siff.kr/ films/%ED%8E%B8%EC%A7%80/

9   「네팔에서 이주노동자의 소리 없는 죽음을 추적하다」,《미디어오늘》, 2019. 9. 30. http://www.mediatoday.co.kr/news/articleView.html?idxno=202694

10 현재 마석 샬롬의집을 대표하는 이영 신부를 비롯해 외국인이주노동운동협의회 소속 단체와 여러 이주 단체의 활동가 들이 이 상을 운영하고 있다.

11 「18시간 연속 근무하다가 압축기에 끼여 숨진 외국인 노동자」,《연합뉴스》, 2021. 7. 26. https://www.yna.co.kr/view/AKR20210726150500061?input=1195m

4장

1   《오늘의유머》베스트오브베스트에서 2012년 글이 여전히 검색된다. 「인신매매, 장기매매, 인육매매와 조직폭력배의 증언」이라는 글에서 중국인들이 정력을 위해 인육을 먹는다며 이런 문장을 담고 있다. "오원춘이 5년 동안 살았던 지역에서 실종자가 151명이라는 뉴스를 봤습니다. 제 생각에는 그중에 많은 수가 오원춘과 그 일당들에게 희생되었다고 생각합니다. 납치된 실종자들의 장기는 적출하여 팔고, 살은 분리하여 팔고, 피와 뼈와 머리카락은 갈아서

화학약품으로 처리하여 물과 함께 하수구로 흘려보내기 때문에 실종자들의 흔적을 찾을 수가 없었던 것입니다." https://www.todayhumor.co.kr/board/view.php?table=bestofbest&no=81168

2   「영화 '청년 경찰', 재판부가 내린 '화해권고결정'의 뜻은?」,《동북아신문》, 2020. 7. 15. http://www.dbanews.com/news/articleView.html?idxno=40506

3   수잔 헤이워드,『영화 사전』(개정판), 이영기·최광열 옮김, 한나래, 2012, 109쪽.

4   대한민국정책브리핑 누리집, 브리핑룸 보도자료 「여성 성상품화하는 국제결혼중개업 온라인 광고 퇴출한다」, 2018. 7. 9. https://www.korea.kr/news/pressReleaseView.do?newsId=156279771

5   글로드 장 베르트랑,『다매체 시대 미디어 윤리의 실천』, 변동현 옮김, 커뮤니케이션북스, 2006, 44쪽.

6   제21조(인권 보호) ①방송은 부당하게 인권 등을 침해하지 않도록 하여야 한다.

②방송은 심신장애인 또는 사회적으로 소외받는 사람들을 다룰 때에는 특히 인권이 최대한 보호되도록 신중을 기하여야 한다.

③방송은 정신적·신체적 차이 또는 학력·재력·출신 지역·방언 등을 조롱의 대상으로 취급하여서는 아니 되며, 부정적이거나 열등한 대상으로 다루어서는 아니 된다.

④방송은 공공의 이익을 위해 반드시 필요한 경우를 제외하고는 공개적인 방법으로 취재하는 것을 원칙으로 하며, 강제 취재·답변 강요·유도신문 등을 하여서는 아니 된다.

제22조(공개 금지) ①방송은 범죄 사건 가해자의 인적 사항 공개에 신중을 기하여야 하며, 가해자가 청소년인 경우에는 공개하여서는 아니 된다.

②방송은 가해자의 보호자 및 친·인척의 인적 사항을 공개하여서는 아니 된다. 다만, 오로지 공공의 이익에 관한 때로서 당사자(청소년인 경우에는 그 보호자)가 공개에 동의하는 경우에는 예외로 한다.

제23조(범죄 사건 보도 등) ①방송은 피고인 또는 피의자에 대해 법원의 확정판결이 있기까지는 범인으로 단정하는 표현을 하여서는 아니 된다.

②방송은 형의 집행이 종료되거나 시효가 만료된 범죄 사건을 다룰 때에는 당사자의 사회 활동에 지장을 주지 않도록 유의하여야 한다.

③방송은 피고인 또는 피의자에 대하여 보도할 때에는 수갑 등에 묶이거나 수의(囚衣) 등을 입은 상태를 정면으로 근접 촬영한 장면 등을 통해 피고인 또는 피의자의 인격을 침해하지 않도록 유의하여야 한다.

④방송은 피고인·피의자·범죄 혐의자에 관한 내용을 다룰 때에는 범죄행위가 과장되거나 정당화되지 않도록 유의하여야 한다.

⑤방송은 범죄 사건 가해자의 정신 건강 관련 정보 공개에 신중을 기하여야 하며, 객관적 근거 없이 정신 질환을 범죄행위의 원인으로 단정하여서는 아니 된다.

7 「이태원클럽→부천나이트 갔던 베트남 확진자, 직장 합숙 생활까지」,《한국일보》, 2020. 5. 18. https://www.hankookilbo.com/News/Read/202005181607737593

8 「IS 추종 인도네시아인? 혐의 입증 실패했다」,《미디어오늘》, 2015. 12. 18. http://www.mediatoday.co.kr/news/articleView.html?idxno=126667

9 「'이슬람 혐오'로 인도네시아 이주노동자 해고」,《뉴스민》, 2015. 11. 25. https://www.newsmin.co.kr/news/4296

10 한국기자협회 인권보도준칙. https://www.journalist.or.kr/news/section4.html?p_num=7

5장

1 「노동부 지침으로 이주노동자 최저임금 무용지물」,《매일노동뉴스》, 2021. 12. 15. http://www.labortoday.co.kr/news/articleView.html?idxno=206416

2 「농·어업 분야 고용 허가 주거 시설 기준 대폭 강화」, 고용노동부 보도자료, 2021. 1. 6. http://www.moel.go.kr/news/enews/report/enewsView.do?news_seq=11831

3 「속헹이 죽고 농장주는 과태료 30만 원을 냈다」,《한겨레21》 1349호. https://h21.hani.co.kr/arti/society/society_general/49901.html

4 「농촌 이주노동자 숙소는 '사람 살면 안 된다'는 비닐하우스」,《한겨레》, 2020. 12. 24. https://www.hani.co.kr/arti/society/society_general/975827.html

5 「'추적 60분' 쪽방 실태 보고서 '빈곤 비즈니스' 실체는?」,《국제신문》, 2019. 7. 13. http://www.kookje.co.kr/news2011/asp/newsbody.asp?code=0500&key=20190713.99099006395

6 「수개월째 인천공항 숙식 시리아인 28명 난민 인정될까」,《뉴스1》, 2016. 6. 18. https://m.news1.kr/articles/?2695050

7 「이주노동자 차별 심화하는 '출국 후 퇴직금 수령 제도'」,《매일노동뉴스》, 2019. 8. 13. http://www.labortoday.co.kr/news/articleView.html?idxno=159922

8 「이주노동자 퇴직금 '출국 후 수령제' 폐지를」,《한겨레》, 2019. 8. 12. https://www.hani.co.kr/arti/society/labor/905450.html

9 「공항 난민 '루렌도 가족'의 뒷이야기, 이건 모르셨을 걸요」,《오마이뉴스》, 2020. 8. 2. http://www.ohmynews.com/NWS_Web/View/at_pg.aspx?CNTN_

CD=A0002661906

10 「'287일 공항 체류' 콩고 출신 루렌도 가족 난민 인정」,《경향신문》, 2021. 10. 8. https://www.khan.co.kr/national/national-general/article/202110081507001

11 「이 세상에 '새우꺾기'를 당해도 되는 사람이 있는가」,《한겨레21》, 1383호. https://h21.hani.co.kr/arti/society/society_general/51035.html

12 「'보호 아닌 감금' 외국인보호소의 실체」,《오마이뉴스》, 2019. 12. 14. http://www.ohmynews.com/NWS_Web/View/at_pg.aspx?CNTN_CD=A0002595587&CMPT_CD=P00104

메멘토문고 · 나의독법 05

우리 안의 인종주의

이주 인권 현장에서 본 한국 사회

초판 1쇄 발행 2023년 9월 4일

초판 2쇄 발행 2024년 5월 10일

지은이 정혜실

교정 김정민

디자인 위드텍스트 이지선

펴낸이 박숙희

펴낸곳 메멘토

신고 2012년 2월 8일 제25100-2012-32호

주소 서울시 은평구 연서로26길 9-3(대조동) 동양오피스텔 301호

전화 070-8256-1543 팩스 0505-330-1543

전자우편 memento@mementopub.kr

ⓒ 정혜실

ISBN 979-11-92099-25-5 (04300)

ISBN 978-89-98614-91-1 (세트)